L'homme une machine

Julien Offray de La Mettrie

Writat

Cette édition parue en 2023

ISBN : 9789359256979

Publié par
Writat
email : info@writat.com

PRÉFACE.

Le texte français présenté dans ce volume est tiré de celui d'une édition de Leyde de 1748, autrement dit de celui d'une édition publiée l'année et au lieu de parution de la première édition. La page de titre de cette édition est reproduite dans le présent volume. L'original était évidemment l'œuvre d'un compositeur néerlandais sans instruction en langue française et est plein d'imperfections, d'incohérences et d'erreurs grammaticales. Sous la direction des éditeurs, ces fautes manifestement typographiques ont été corrigées par M. Lucien Arréat de Paris.

La traduction est l'œuvre de plusieurs mains. Il est fondé sur une version réalisée par Miss Gertrude C. Bussey (à partir du texte français de l'édition de J. Assezat) et a été révisé par le professeur MW Calkins qui en est responsable sous sa forme actuelle. Mademoiselle M. Carret , du département de français du Wellesley College, et le professeur George Santayana, de l'Université Harvard, ont apporté une aide précieuse ; et cette occasion est saisie pour saluer leur gentillesse à résoudre les problèmes d'interprétation qui leur ont été soumis. Il convient d'ajouter que la traduction subordonne parfois les exigences de la structure et du style anglais dans l'effort de rendre exactement le sens de La Mettrie . Le paragraphe du français est généralement suivi, mais les italiques et les majuscules ne sont pas reproduits. Les titres de page de la traduction renvoient aux pages du texte français ; et quelques mots insérés par les traducteurs sont mis entre parenthèses.

Les notes philosophiques et historiques sont condensées et adaptées d'un mémoire de maîtrise sur La Mettrie présenté par Miss Bussey à la faculté du Wellesley College.

L'ÉLOGIE DE FRÉDÉRIC LE GRAND SUR JULIEN OFFRAY DE LA METTRIE.

Julien Offray de la Mettrie est né à Saint-Malo, le 25 décembre 1709, de Julien Offray de la Mettrie et de Marie Gaudron , qui vivaient d'un commerce assez important pour assurer une bonne éducation à leur fils. On l'envoya au collège de Coutance pour étudier les sciences humaines ; il alla de là à Paris, au collège du Plessis ; il étudia sa rhétorique à Caen, et comme il avait beaucoup de génie et d'imagination, il remporta tous les prix d'éloquence. Il était un orateur-né et aimait passionnément la poésie et *les belles-lettres* , mais son père pensait qu'il gagnerait plus comme ecclésiastique que comme poète et le destinait à l'Église. Il l'envoya l'année suivante au collège du Plessis où il étudia la logique auprès de M. Cordier, qui était plus janséniste que logicien.

Il est le propre d'une imagination ardente de s'emparer avec force des objets qui lui sont présentés, comme il est le propre de la jeunesse d'avoir des préjugés en faveur des premières opinions qu'on lui inculque. N'importe quel autre érudit aurait adopté les opinions de son professeur mais cela ne suffisait pas au jeune La Mettrie ; il devint janséniste et écrivit un ouvrage très en vogue dans ce parti. En 1725, il étudia la philosophie naturelle au collège d'Harcourt et y fit de grands progrès. A son retour en Bretagne, M. Hunault , médecin de Saint-Malo, lui avait conseillé d'adopter la profession médicale. Ils avaient persuadé son père, lui assurant qu'un médecin médiocre serait mieux payé pour ses remèdes qu'un bon prêtre pour ses absolutions. Au début, le jeune La Mettrie s'était appliqué à l'étude de l'anatomie : pendant deux ans il avait travaillé à la table de dissection. Après cela, en 1725, il passa le grade de docteur à Reims et y fut reçu comme médecin.

En 1733, il se rend à Leyde pour étudier auprès du célèbre Boerhaave . Le maître était digne du savant et le savant se rendit bientôt digne du maître. M. La Mettrie consacra toute l'acuité de son esprit à la connaissance et à la guérison des infirmités humaines ; et il devint bientôt un grand médecin.

En 1734, pendant ses moments de loisir, il traduisit un traité de feu M. Boerhaave , son *Aphrodisiacus* , et y joignit une dissertation sur les maladies vénériennes, dont il était lui-même l'auteur. Les vieux médecins de France se sont soulevés contre un savant qui les offensait en sachant autant qu'eux. Un des médecins les plus célèbres de Paris lui fit l'honneur de critiquer son œuvre (preuve certaine qu'elle était bonne). La Mettrie répondit ; et, pour confondre davantage son adversaire, il composa en 1736 un traité sur le vertige, estimé de tous les médecins impartiaux.

Par un effet malheureux de l'imperfection humaine , une certaine jalousie basse est devenue l'une des caractéristiques des hommes de lettres. Ce sentiment incite ceux qui ont une réputation, à s'opposer aux progrès des génies naissants. Ce fléau s'attache souvent aux talents sans les détruire, mais il leur arrive parfois de les blesser. M. La Mettrie , qui avançait à un pas de géant dans la carrière scientifique, souffrait de cette jalousie, et son caractère vif l'y rendait trop susceptible.

A Saint-Malo, il traduisit les « Aphorismes » de Boerhaave , la « Materia Medica », les « Chemical Proceedings », la « Chemical Theory » et les « Institutions » de ce même auteur. À peu près à la même époque, il publia un résumé de Sydenham. Le jeune médecin avait appris par une expérience prématurée que s'il voulait vivre en paix, il valait mieux traduire que composer ; mais c'est le propre du génie d'échapper à la réflexion. Comptant sur lui seul, si je puis parler ainsi, et fort des connaissances qu'il avait acquises dans ses recherches infiniment habiles sur la nature, il voulut communiquer au public les découvertes utiles qu'il avait faites. Il publia son traité sur la variole, sa « Médecine pratique » et six volumes de commentaires sur la physiologie de Boerhaave . Tous ces ouvrages parurent à Paris, quoique l'auteur les eût écrits à Saint-Malo. Il joint à la théorie de son art une pratique toujours réussie, ce qui n'est pas une mince recommandation pour un médecin.

En 1742, La Mettrie vient à Paris, entraîné par la mort de M. Hunault , son ancien professeur. Morand et Sidobre le présentèrent au duc de Gramont , qui, quelques jours après, lui obtint la commission de médecin des gardes. Il accompagna le duc à la guerre et fut avec lui à la bataille de Dettingen , au siège de Fribourg et à la bataille de Fontenoy , où il perdit son patron, qui fut tué d'un coup de canon.

La Mettrie sentait d'autant plus vivement cette perte que c'était en même temps le récif sur lequel sa fortune s'échouait. C'est ce qui s'est passé. Pendant la campagne de Fribourg, La Mettrie eut une violente crise de fièvre. Pour un philosophe, la maladie est une école de physiologie ; il croyait voir clairement que la pensée n'est qu'une conséquence de l'organisation de la machine, et que le trouble des ressorts a une influence considérable sur cette partie de nous que les métaphysiciens appellent âme. Rempli de ces idées, pendant sa convalescence, il porta hardiment le flambeau de l'expérience dans la nuit de la métaphysique ; il essaya d'expliquer à l'aide de l'anatomie la mince texture de l'entendement, et il ne trouva que des mécanismes là où d'autres avaient supposé une essence supérieure à la matière. Il fit imprimer ses conjectures philosophiques sous le titre « L'histoire naturelle de l'âme ». L'aumônier du régiment sonna le tocsin contre lui, et au premier regard tous les dévots crièrent contre lui.

Le vulgaire ecclésiastique est comme Don Quichotte, qui trouvait des aventures merveilleuses dans des événements banals, ou comme le célèbre soldat, si absorbé par son système qu'il trouvait des colonnes dans tous les livres qu'il lisait. La plupart des prêtres examinent tous les ouvrages littéraires comme s'il s'agissait de traités de théologie, et, animés par ce seul but, ils découvrent partout des hérésies. De ce fait sont dus de très nombreux jugements erronés et de très nombreuses accusations, pour la plupart injustes, contre les auteurs. Un livre de physique doit être lu dans l'esprit d'un physicien ; la nature, la vérité, est son seul juge et doit l'absoudre ou la condamner. Un livre d'astronomie doit être lu de la même manière. Si un pauvre médecin prouve qu'un coup de bâton frappé violemment sur le crâne trouble l'esprit, ou qu'à un certain degré de chaleur la raison s'égare, il faut ou prouver le contraire, ou se taire. Si un astronome habile prouve, malgré Josué, que la terre et tous les globes célestes tournent autour du soleil, il faudra soit calculer mieux que lui, soit admettre que la terre tourne.

Mais les théologiens, qui, par leur appréhension continuelle, pourraient faire croire aux faibles que leur cause est mauvaise, ne s'inquiètent pas d'une si petite affaire. Ils tenaient à trouver des germes d'hérésie dans un ouvrage traitant de physique. L'auteur subit une persécution effroyable, et les prêtres prétendirent qu'un médecin accusé d'hérésie ne pouvait guérir les gardes françaises.

A la haine des dévots se joignait celle de ses rivaux pour la gloire. Cela a été ravivé par un ouvrage de La Mettrie intitulé « La politique des médecins ». Un homme plein de ruse et emporté par l'ambition aspirait à la place, alors vacante, de premier médecin du roi de France. Il pensait pouvoir l'obtenir en ridiculisant ceux de ses contemporains qui pourraient prétendre à cette position. Il écrivit contre eux un libelle, et abusant de l'amitié facile de La Mettrie , il l'incita à y prêter la volubilité de sa plume et la richesse de son imagination. Il n'en fallait pas davantage pour achever la chute d'un homme peu connu, contre lequel étaient toutes les apparences, et dont la seule protection était son mérite.

Pour avoir été trop sincère comme philosophe et trop obligeant comme ami, La Mettrie fut contraint de quitter son pays. Le duc de Duras et le vicomte de Chaila lui conseillèrent de fuir la haine des prêtres et la vengeance des médecins. C'est pourquoi, en 1746, il quitta les hôpitaux de l'armée où l'avait placé M. Sechelles , et vint à Leyde philosopher en paix. Il y composa sa « Pénélope », ouvrage polémique contre les médecins dans lequel, à la manière de Démocrite, il se moquait de la vanité de sa profession. Le résultat curieux fut que les médecins eux-mêmes, bien que leur charlatanisme fût peint sous de vraies couleurs, ne purent s'empêcher de rire en le lisant, et c'est un signe certain qu'ils y avaient trouvé plus d'esprit que de méchanceté.

M. La Mettrie , après avoir perdu de vue ses hôpitaux et ses malades, s'abandonna complètement à la philosophie spéculative ; il a écrit son « Homme-machine », ou plutôt il a mis sur papier des réflexions vigoureuses sur le matérialisme, qu'il envisageait sans doute de réécrire. Cet ouvrage, qui devait déplaire à des hommes qui, par leur position, sont déclarés ennemis du progrès de la raison humaine, souleva tous les prêtres de Leyde contre son auteur. Calvinistes, catholiques et luthériens oublièrent pour un temps que la consubstantiation, le libre arbitre, la messe des morts et l'infaillibilité du pape les divisaient : ils s'unirent à nouveau pour persécuter un philosophe qui avait le malheur supplémentaire d'être français, à une époque où cette monarchie menait une guerre victorieuse contre ses Hautes Puissances.

Le titre de philosophe et la réputation d'être malheureux suffisent pour procurer à La Mettrie un refuge en Prusse avec une pension du roi. Il arriva à Berlin au mois de février 1748 ; il y fut reçu comme membre de la Royal Academy of Science. La médecine le ressaisit de la métaphysique, et il écrivit un traité sur la dysenterie, un autre sur l'asthme, le meilleur qui ait été écrit alors sur ces cruelles maladies. Il esquisse des ouvrages sur certains sujets philosophiques qu'il s'était proposé d'approfondir. Par une suite d'accidents qui lui sont arrivés, ces ouvrages furent volés, mais il exigea leur suppression dès leur parution.

La Mettrie mourut dans la maison de Milord Tirconnel , ministre plénipotentiaire de France, dont il avait sauvé la vie. Il semble que la maladie, sachant à qui elle avait affaire, ait été assez intelligente pour s'attaquer d'abord à son cerveau, afin de le confondre plus sûrement. Il avait une fièvre brûlante et un délire violent. Le malade était obligé de s'en remettre à la science de ses confrères, et il n'y trouvait pas les ressources qu'il avait si souvent trouvées dans la sienne, tant pour lui que pour le public.

Il mourut le 11 novembre 1751, à l'âge de quarante-trois ans. Il avait épousé Louise Charlotte Dréano , dont il ne laissait qu'une fille de cinq ans et quelques mois.

La Mettrie était né avec un fonds de gaieté naturelle et inépuisable ; il avait un esprit vif et une imagination si fertile qu'elle faisait pousser des fleurs dans le domaine de la médecine. La nature avait fait de lui un orateur et un philosophe ; mais un don encore plus précieux qu'il reçut d'elle était une âme pure et un cœur obligeant. Tous ceux qui ne se laissent pas intimider par les pieuses insultes des théologiens pleurent à La Mettrie un bon homme et un sage médecin.

L'HOMME

MACHINE.

Est-ce là ce Raion de l'Essence suprème,
Que l'on nous peint si lumineux ?
Est-ce là cet Esprit survivant à nous même ?
Il naît avec nos sens, croit, s'affoiblit
comme eux.
Hélas ! il périra de même.
VOLTAIRE.

À LEYDE,
DE L'IMP. D'ELIE LUZAC, FILS.
MDCCXLVIII.

Fac-similé de la page de titre de l'édition de Leyde 1748

L'HOMME MACHINE.

Est-ce là ce Raion de l'Essence suprême ,

Que l'on nous peint si lumineux ?

Est-ce là cet Esprit survivant à nous même ?

Il naît avec nos sens, croit, s'affoiblit comme eux.

Hélas ! il périra de même.

VOLTAIRE.

À LEYDE ,

DE L'IMP. D'ÉLIE LUZAC, FILS .

MDCCXLVIII.

L'HOMME MACHINE.

Il ne suffit pas à un sage d'étudier la nature et la vérité ; il doit oser la dire en faveur du petit nombre de ceux qui veulent et peuvent penser ; car pour les autres, qui sont volontairement esclaves des préjugés, il ne leur est pas plus possible d'atteindre la vérité, qu'aux grenouilles de voler.

Je réduis à deux les systèmes des philosophes sur l'âme de l'homme. Le premier, et le plus ancien, est le système du matérialisme ; le second est celui du spiritualisme.

Les métaphysiciens qui ont insinué que la matière pourrait bien avoir la faculté de penser, n'ont pas déshonoré leur raison. Pourquoi ? C'est qu'ils ont cet avantage (car ici c'en est un) de s'être mal exprimé. En effet, demander si la matière peut penser, sans la considérer autrement qu'en elle-même, c'est demander si la matière peut marquer les heures. On voit d'avance que nous éviterons cet écueil, où M. Locke a eu le malheur d'échouer.

Les Leibniziens, avec leurs *monades*, ont élevé une hypothèse inintelligible. Ils ont plutôt spiritualisé la matière, que matérialisé l'âme. Comment peut-on définir un être dont la nature nous est absolument inconnue ?

L'HOMME UNE MACHINE.

Il ne suffit pas à un sage d'étudier la nature et la vérité ; il devrait oser énoncer la vérité pour le bénéfice de quelques-uns qui veulent et sont capables de penser. Quant aux autres, volontairement esclaves des préjugés, ils ne peuvent pas plus atteindre la vérité que les grenouilles ne peuvent voler.

Je réduis à deux les systèmes de philosophie qui s'occupent de l'âme de l'homme. Le premier et le plus ancien système est le matérialisme ; le second est le spiritualisme.

Les métaphysiciens qui ont laissé entendre que la matière pourrait bien être douée de la faculté de penser1 n'ont peut-être pas mal raisonné. Car il y a dans ce cas un certain avantage dans leur manière inadéquate d'exprimer leur sens. En vérité, se demander si la matière peut penser, sans la considérer autrement qu'en elle-même, c'est comme se demander si la matière peut dire le temps. On peut prévoir que nous éviterons ce récif sur lequel Locke a eu le malheur de faire naufrage.

Les Leibniziens avec leurs monades ont émis une hypothèse inintelligible. Ils ont plutôt spiritualisé la matière que matérialisé l'âme. Comment définir un être dont la nature nous est absolument inconnue ? [2]

Descartes, et tous les Cartésiens, parmi lesquels il y a longtemps qu'on a compté les Malebranchistes, ont fait la même faute. Ils ont admis deux substances distinctes dans l'homme, comme s'ils les avaient vues et bien comptées.

Les plus sages ont dit que l'âme ne pouvait se connaître que par les seules lumières de la Foi : cependant, en qualité d'êtres raisonnables, ils ont cru pouvoir se réserver le droit d'examinateur ce que l'Ecriture a voulu dire par le mot *Esprit*, dont elle se sert en parlant de l'âme humaine; et dans leurs recherches, s'ils ne sont pas d'accord sur ce point avec les théologiens, ceux-ci le sont-ils davantage entr'eux sur tous les autres ?

Voici en peu de mots le résultat de toutes leurs réflexions.

S'il ya un Dieu, il est auteur de la Nature, comme de la Révélation ; il nous a donné l'une, pour expliquer l'autre; et la Raison, pour les accorder ensemble.

Se défier des connaissances qu'on peut puiser dans les corps animés, c'est regarder la Nature et la Révélation comme deux contraires qui se détruisent; et par conséquent, c'est oser soutenir cette absurdité : que Dieu se contredit dans ses divers ouvrages, et nous trompe.

S'il ya une Révélation, elle ne peut donc démentir la Nature. Par la Nature seule, on peut découvrir le sens des paroles de l'Evangile, dont

Descartes et tous les cartésiens, parmi lesquels comptent depuis longtemps les disciples de Malebranche, ont commis la même erreur. Ils ont tenu pour acquis deux substances distinctes chez l'homme, comme s'ils les avaient vues et comptées positivement.

Les hommes les plus sages ont déclaré que l'âme ne peut se connaître qu'à la lumière de la foi. Cependant, en tant qu'êtres raisonnables, ils ont cru pouvoir se réserver le droit d'examiner ce que la Bible entend par le mot « esprit », qu'elle utilise pour parler de l'âme humaine. Et si dans leur enquête, ils ne sont pas d'accord avec les théologiens sur ce point, les théologiens sont-ils plus d'accord entre eux sur tous les autres points ?

Voici le résultat en quelques mots de toutes leurs réflexions. S'il existe un Dieu, il est l'auteur de la nature ainsi que de la révélation. Il nous a donné l'un pour expliquer l'autre, et la raison pour les mettre d'accord.

Se méfier des connaissances que l'on peut tirer de l'étude des corps animés, c'est considérer la nature et la révélation comme deux contraires qui se détruisent l'un l'autre, et par conséquent oser soutenir la doctrine absurde, que Dieu se contredit dans ses divers ouvrages et nous trompe.

S'il y a une révélation, elle ne peut alors contredire la nature. C'est par la nature seule que nous pouvons comprendre le sens des paroles de l'expérience seule est la véritable interprète. En effet, les autres commentateurs jusqu'ici n'ont fait qu'embrouiller la vérité. Nous allons en juger par l'auteur du *Spectacle de la Nature* . « Il est étonnant, dit-il (au sujet de M. Locke), qu'un homme qui dégrade notre âme jusqu'à la croire une âme de boue, ose établir la Raison pour juger et souverain arbitre des mystères de la Foi ; car, ajoute-t-il, quelle idée étonnante aurait-on du Christianisme, si l'on voulait suivre la Raison ?

Outre que ces réflexions n'éclaircissent rien par rapport à la Foi, elles forment de si frivoles objections contre la méthode de ceux qui croient pouvoir interpréter les Livres Saints, que j'ai presque honte de perdre le temps à les réfuter.

1°. L'excellence de la Raison ne dépend pas d'un grand mot vide de sens (*l'immatérialité*) ; mais de sa force, de son étendue, ou de sa clairvoyance. Ainsi une *âme de boue* , qui découvrirait, comme d'un coup d'œil, les rapports et les suites d'une infinité d'idées difficiles à saisir, serait évidemment préférable à une âme sotte et stupide qui serait faite des éléments les plus précieux. Ce n'est pas être philosophe, que de rougir avec Pline de la misère de notre origine. Ce qui parait vil, est ici la choisie la plus précieuse, et pour laquelle la nature semble avoir mis le plus d'art et le plus d'appareil. Mais comme l'homme, quand même il serait d'une source encore plus vile

l'Évangile, dont l'expérience est la seule véritable interprète. En fait, les commentateurs d'avant notre époque n'ont fait qu'obscurcir la vérité. Nous pouvons en juger par l'auteur du Spectacle de la Nature. « Il est étonnant, dit-il à propos de Locke, qu'un homme qui dégrade notre âme au point de la considérer comme une âme d'argile ose ériger la raison en juge et arbitre souverain des mystères de la foi, car, ajoute-t-il. , « quelle idée étonnante du christianisme on aurait, si l'on suivait la raison ».

Non seulement ces réflexions ne parviennent pas à élucider la foi, mais elles constituent aussi des objections si frivoles à la méthode de ceux qui entreprennent d'interpréter l'Écriture, que j'ai presque honte de perdre du temps à les réfuter.

L'excellence de la raison ne dépend pas d'un grand mot dénué de sens (immatérialité), mais de la force, de l'étendue et de la clarté de la raison elle-même. Ainsi une « âme d'argile » qui découvrirait, d'un seul coup d'œil, pour ainsi dire, les relations et les conséquences d'une infinité d'idées difficiles à comprendre, serait évidemment préférable à une âme insensée et stupide, même composée d'idées difficiles à comprendre. les éléments les plus précieux. Un homme n'est pas philosophe parce que, avec Pline, il rougit de la misère de notre origine. Ce qui semble vil est ici la chose la plus précieuse et semble être l'objet de l'art le plus élevé et des soins les en apparence, n'en serait pas moins le plus parfait de tous les êtres, quelle que soit l'origine de son âme, si elle est pure, noble , sublime, c'est une belle âme, qui rend respectable quiconque en est doué.

La seconde manière de raisonner de M. Pluche me parait vicieuse, même dans son système, qui tient un peu du fanatisme ; car si nous avons une idée de la Foi, qui soit contraire aux principes les plus clairs, aux vérités les plus incontestables, il faut croire, pour l'honneur de la Révélation et de son Auteur, que cette idée est fausse, et que nous ne connaît point encore les sens des paroles de l'Evangile.

De deux choses l'une; ou tout est illusion, tant la Nature même, que la Révélation; ou l'expérience seule peut rendre raison de la Foi. Mais quel plus grand ridicule que celui de notre auteur ? Je m'imagine entendre un péripatéticien, qui ressemble : « Il ne faut pas croire l'expérience de Toricelli : car si nous la croyions, si nous allions bannir l'horreur du vide, quelle étonnante philosophie aurions-nous ?

J'ai fait voir combien le raisonnement de M. Pluche est vicieux, 1 afin de prouver premièrement que s'il ya une Révélation, elle n'est point

plus élaborés de la nature. Mais comme l'homme, même s'il venait d'une source apparemment encore plus basse, serait pourtant le plus parfait de tous les êtres, de même quelle que soit l'origine de son âme, si elle est pure, noble et élevée, c'est une belle âme. ce qui rend digne l'homme qui en est doté.

Le deuxième raisonnement de Pluche me paraît vicieux, même dans son système, qui sent un peu le fanatisme ; car [selon lui] si nous avons une idée de la foi comme étant contraire aux principes les plus clairs, aux vérités les plus incontestables, il faut pourtant conclure, par respect pour la révélation et son auteur, que cette conception est fausse, et que nous Je ne comprends pas encore le sens des paroles de l'Évangile.

Des deux alternatives, une seule est possible : ou bien tout est illusion, nature aussi bien que révélation, ou bien l'expérience seule peut expliquer la foi. Mais quoi de plus ridicule que la position de notre auteur ! Imagine-t-on entendre un péripatéticien dire : « Nous ne devons pas accepter les expériences de Torricelli4, car si nous les acceptions, si nous nous débarrassions de l'horreur du vide, quelle étonnante philosophie nous aurions ! »

J'ai montré combien le raisonnement de Pluche était vicieux1 pour prouver d'abord que s'il y a révélation, elle n'est pas suffisamment démontrée par la suffisamment démontrée par la seule autorité de l'Eglise et sans aucun examen de la Raison. , comme le prétendent tous ceux qui la craignent. Deuxièmement, pour mettre à l'abri de toute attaque la méthode de ceux qui veulent la voie que je leur ouvre, d'interpréter les choses surnaturelles, incompréhensibles en soi, par les lumières que chacun a reçues de la nature.

L'expérience et l'observation doivent donc seules nous guider ici. Elles se trouvent sans nombre dans les Fastes des médecins, qui ont été philosophes, et non dans les philosophes, qui n'ont pas été médecins. Ceux-ci ont parcouru, ont éclairé le labyrinthe de l'homme; ils nous ont seuls dévoilé ces ressorts cachés sous des enveloppes qui dérobent à nos yeux tant de merveilles. Eux seuls, contemplant tranquillement notre âme, l'ont mille fois surprise, et dans sa misère, et dans sa grandeur, sans plus la mépriser dans l'un de ces états, que l'admirer dans l'autre. Encore une fois, voilà les seuls médecins qui ont le droit de parler ici. Que nous dirons les autres, et surtout les théologiens ? N'est-il pas ridicule de les entendre décider sans pudeur, sur un sujet qu'ils n'ont point été à portée de connaître, dont ils ont été au contraire entièrement détournés par des études obscures, qui les ont conduits à mille préjugés. , et pour tout dire en un mot, au fanatisme, qui ajoute encore à leur ignorance dans le mécanisme des corps.

seule autorité de l'Église, et sans aucun appel à la raison, comme tous prétendent ceux qui craignent la raison : et en deuxième lieu, protéger contre toute agression la méthode de ceux qui voudraient suivre la voie que je leur ouvre, d'interpréter les choses surnaturelles, incompréhensibles en elles-mêmes, à la lumière de ces idées avec que la nature nous a doté. L'expérience et l'observation devraient donc être ici nos seuls guides. Les deux se retrouvent dans les archives des médecins qui étaient philosophes, et non dans les ouvrages des philosophes qui n'étaient pas médecins. Les premiers ont parcouru et illuminé le labyrinthe de l'homme ; eux seuls nous ont mis à nu ces sources cachées sous le tégument extérieur qui cache à nos yeux tant de merveilles. Eux seuls, contemplant tranquillement notre âme, l'ont surprise mille fois dans sa misère et dans sa gloire, et ils ne l'ont pas plus méprisée dans le premier état qu'ils ne l'ont admirée dans le second. Ainsi, je le répète, seuls les médecins ont le droit de s'exprimer sur ce sujet. [5]Que pourraient dire les autres, notamment les théologiens ? N'est-il pas ridicule de les entendre conclure sans vergogne sur un sujet dont ils n'ont eu aucun moyen de rien savoir, et dont au contraire ils ont été complètement détournés par d'obscures études qui les ont conduits à mille préjugés , — en un mot, au fanatisme, qui ajoute encore à leur ignorance du mécanisme du corps ?

Mais, quoique nous ayons choisi les meilleurs guides, nous trouverons encore beaucoup d'épines et d'obstacles dans cette carrière.

L'homme est une machine si composée, qu'il est impossible de s'en faire d'abord une idée claire, et par conséquent de la définir. C'est pourquoi toutes les recherches que les plus grands philosophes ont faites *à priori*, c'est à dire, en voulant se servir en quelque sorte des ailes de l'esprit, ont été vaines. Ainsi ce n'est qu'à *posteriori*, ou en cherchant à démêler l'âme comme au travers les organes du corps, qu'on peut, je ne dis pas découvrir avec évidence la nature même de l'homme, mais atteindre le plus grand degré de probabilité possible sur ce sujet.

Prenons donc le bâton de l'expérience, et laissons là l'histoire de toutes les vaines opinions des philosophes. Être aveugle, et croire pouvoir se passer de ce bâton, c'est le peigne de l'aveuglement. Qu'un moderne a bien raison de dire qu'il n'y a que la vanité seule qui ne tire pas des causes secondes le même parti que des premières ! On peut et on doit même admirer tous ces beaux génies dans leurs travaux les plus inutiles, les Descartes, les Malebranche, les Leibnitz, les Wolf, etc.; mais quel fruit, je vous prie, at-on retiré de leurs profondes méditations et de tous leurs ouvrages ? Commençons donc et voyons, non ce qu'on a pensé, mais

Mais même si nous avons choisi les meilleurs guides, nous rencontrerons encore de nombreuses épines et pierres d'achoppement sur notre chemin.

L'homme est une machine si compliquée [6] qu'il est impossible de se faire une idée claire à l'avance de la machine, et donc impossible de la définir. C'est pourquoi toutes les recherches que les plus grands philosophes ont faites *a priori*, c'est-à-dire dans la mesure où ils utilisent pour ainsi dire les ailes de l'esprit, ont été vaines. Ce n'est donc qu'à *posteriori*, ou en essayant de démêler l'âme des organes du corps, pour ainsi dire, que l'on peut atteindre la plus haute probabilité concernant la nature propre de l'homme, même si l'on ne peut découvrir avec certitude quelle est sa nature.

Prenons donc en main le bâton de l'expérience [7] sans prêter attention aux récits de toutes les vaines théories des philosophes. Être aveugle et penser qu'on peut se passer de ce bâton est la pire des cécités. Comme un écrivain contemporain dit avec justesse que seule la vanité ne parvient pas à tirer des causes secondaires les mêmes leçons que des causes premières ! On peut et on doit même admirer tous ces beaux génies dans leurs ouvrages les plus inutiles, tels que Descartes, Malebranche, Leibniz, Wolff et les autres, mais quel profit, je le demande, a-t-on tiré de leurs profondes méditations et de leurs toutes leurs œuvres ? Commençons donc par découvrir, non pas ce qui a ce qu'il faut penser pour le repos de la vie.

Autant de tempéraments, autant d'esprits, de caractères et de mœurs différentes. Galien même a connu cette vérité, que Descartes, et non Hippocrate, comme le dit l'auteur de l'histoire de l'Ame, a poussé loin, jusqu'à dire que la médecine seule pouvait changer les esprits et les mœurs avec le corps. Il est vrai, la mélancolie, la bile, le flegme, le sang etc., suivant la nature, l'abondance et la diverse combinaison de ces humeurs, de chaque homme font un homme différent.

Dans les maladies, tantôt l'âme s'éclipse et ne montre aucun signe d'elle- même ; tantôt on dirait qu'elle est double, tant la fureur la transporte; tantôt l'imbécilité se dissipe : et la convalescence d'un sot fait un homme d'esprit. Tantôt le plus beau génie devenu stupide, ne se reconnaît plus. Adieu toutes ces belles connaissances acquises à si grands frais, et avec tant de peine !

Ici c'est un paralytique, qui demande si sa jambe est dans son lit : là c'est un soldat qui croit avoir le bras qu'on lui a coupé. La mémoire de ses anciennes sensations, et du lieu où son âme les rapportait, faisait son illusion et son espèce de délire. Il suffit de lui parler de cette partie qui lui manque, pour lui en rappeler et faire sentir tous les mouvements ; ce qui se fait avec je ne sais quel

été pensé, mais ce qui doit être pensé pour le repos de la vie.

Il y a autant d'esprits différents, de caractères différents et de coutumes différentes, qu'il y a de tempéraments différents. Même Galien [8] connaissait cette vérité que Descartes a poussée jusqu'à affirmer que la médecine seule peut changer les esprits et les mœurs, ainsi que les corps. (Par l'auteur de « L'histoire de l'âme » [9], cet enseignement est attribué à tort à Hippocrate [10].) Il est vrai que la mélancolie, la bile, le flegme, le sang, etc. — selon la nature, l'abondance et la différentes combinaisons de ces humeurs rendent chaque homme différent des autres. [11]

Dans la maladie, l'âme est parfois cachée, ne montrant aucun signe de vie ; tantôt elle est tellement enflammée par la fureur qu'elle semble doublée ; parfois l'imbécillité disparaît et la convalescence d'un idiot produit un sage. Parfois encore, le plus grand génie devient imbécile et perd le sens de lui-même. Adieu donc à toutes ces belles connaissances, acquises à si haut prix et avec tant de peine ! Voici un paralytique qui demande si sa jambe est au lit avec lui ; il y a un soldat qui pense qu'il a encore le bras qui a été coupé. Le souvenir de ses anciennes sensations et du lieu auquel elles étaient renvoyées par son âme est la cause de son illusion et de cette sorte de délire. La simple mention du membre qu'il a perdu suffit pour le lui rappeler et lui en faire sentir tous les mouvements ; et cela lui cause déplaisir d'imagination qu'on ne peut exprimer.

Celui-ci pleure, comme un enfant, aux approches de la mort, que celui-là badine. Que fallait-il à Caius Julius, à Sénèque, à Pétrone pour changer leur intrépidité en pusillanimité ou en poltronnerie ? Une obstruction dans la rate, dans le foie, un embarras dans la veine porte. Pourquoi ? Parceque l'imagination se bouche avec les viscères; et de là naissent tous ces singuliers phénomènes de l'affection hystérique et hypocondriaque.

Que dirais-je de nouveau sur ceux qui s'imaginent être transformés en *loups-garous*, en *coqs*, en *vampires*, qui croient que les morts les sucent ? Pourquoi m'arrêterais-je à ceux qui voient leur nez, ou autres membres, de verre, et à qui il faut conseiller de coucher sur la paille, de peur qu'ils ne se cassent, afin qu'ils en retrouvent l'usage et la véritable chair, lorsque mettant le feu à la paille on leur fait craindre d'être brûlés : frayeur qui a quelquefois guéri la paralysie ? Je dois légèrement passer sur des choses connues de tout le monde.

Je ne serai pas plus longtemps sur le détail des effets du sommeil. Voyez ce soldat fatigué! il ronfle dans la tranchée, au bruit de cent pièces de canons ! Son âme n'entend rien, son sommeil est une parfaite apoplexie. Une bombe va l'écraser; il sentira

une sorte de souffrance imaginaire indéfinissable et inexprimable. Cet homme pleure comme un enfant à l'approche de la mort, tandis que cet autre plaisante. Que fallait-il pour changer la bravoure de Caius Julius, de Sénèque ou de Pétrone en lâcheté ou en lâcheté ? Simple obstruction de la rate, du foie, obstacle de la veine porte ? Pourquoi? Parce que l'imagination est obstruée avec les viscères, ce qui donne lieu à tous les phénomènes singuliers d'hystérie et d'hypocondrie.

Que puis-je ajouter aux histoires déjà racontées de ceux qui s'imaginent transformés en hommes-loups, coqs ou vampires, ou de ceux qui pensent que les morts se nourrissent d'eux ? Pourquoi devrais-je m'arrêter pour parler de l'homme qui s'imagine que son nez ou quelque autre membre est en verre ? Le moyen d'aider cet homme à retrouver ses facultés et son nez de chair et de sang est de lui conseiller de dormir sur du foin, de peur qu'il ne brise l'organe fragile, puis de mettre le feu au foin pour qu'il ait peur d'être brûlé. — une peur qui a parfois guéri la paralysie. Mais je dois aborder avec légèreté des faits que tout le monde connaît.

Je ne m'étendrai pas non plus longtemps sur les détails des effets du sommeil. Ici un soldat fatigué ronfle dans une tranchée, au milieu du tonnerre de centaines de canons . Son âme n'entend rien ; son sommeil est profond comme l'apoplexie. Une peut-être moins ce coup qu'un insecte qui se trouve sous le pied.

D'un autre côté, cet homme que la jalousie, la haine, l'avarice ou l'ambition dévorée, ne peut trouver aucun repos. Le lieu le plus tranquille, les boissons les plus fraîches et les plus calmantes, tout est inutile à qui n'a pas délivré son cœur du tourment des passions.

L'âme et le corps s'endorment ensemble. A mesure que le mouvement du sang se calme, un doux sentiment de paix et de tranquillité se répand dans toute la machine ; l'âme se sent mollement s'appesantir avec les paupières et s'affaisser avec les fibres du cerveau : elle devient ainsi peu à peu comme paralytique, avec tous les muscles du corps. Ceux-ci ne peuvent plus porter le poids de la tête; celle là ne peut plus soutenir le fardeau de la pensée ; elle est dans le sommeil, comme n'étant point.

La circulation se fait-elle avec trop de vitesse ? l'âme ne peut dormir. L'âme est-elle trop agitée, le sang ne peut se calmer ; il galope dans les veines avec un bruit qu'on entend : telles sont les deux causes réciproques de l'insomnie. Une seule frayeur dans les songes fait battre le cœur à coups redoublés, et nous arrache à la nécessité, ou à la douceur du repos, comme feraient une vive douleur ou des besoins urgents. Enfin, comme la seule cessation des fonctions de l'âme

bombe est sur le point de l'écraser. Il le sentira peut-être moins qu'un insecte qui est sous son pied.

En revanche, cet homme dévoré par la jalousie, la haine, l'avarice ou l'ambition ne trouve jamais de repos. L'endroit le plus paisible, les boissons les plus fraîches et les plus apaisantes sont également inutiles à celui qui n'a pas libéré son cœur des tourments de la passion.

L'âme et le corps s'endorment ensemble. Au fur et à mesure que le mouvement du sang se calme, une douce sensation de paix et de tranquillité se répand dans tout le mécanisme. L'âme se sent peu à peu s'alourdir à mesure que les paupières s'abaissent, et perd sa tension à mesure que les fibres du cerveau se relâchent ; ainsi peu à peu il devient comme paralysé et avec lui tous les muscles du corps. Ceux-ci ne peuvent plus supporter le poids de la tête, et l'âme ne peut plus supporter le fardeau de la pensée ; il est en sommeil comme s'il ne l'était pas.

La circulation est-elle trop rapide ? l'âme ne peut pas dormir. L'âme est-elle trop excitée ? le sang ne peut s'apaiser : il galope dans les veines avec un murmure audible. Telles sont les deux causes opposées de l'insomnie. Une seule frayeur au milieu de nos rêves fait battre le cœur à double vitesse et nous arrache au repos nécessaire et délicieux, comme le ferait un chagrin réel ou un besoin urgent. Enfin, comme la simple cessation des fonctions de l'âme produit le procure le sommeil, il est, même pendant la veille (qui n'est alors qu'une demi-veille), des sortes de petits sommeils d'âme très fréquents, des *rêves à la Suisse* , qui prouve que l'âme n'attend pas toujours le corps pour dormir; car si elle ne dort pas tout-à-fait, combien peu s'en faut-il! puisqu'il lui est impossible d'assigner un seul objet auquel elle ait prêté quelque attention, parmi cette foule innombrable d'idées confuses, qui comme autant de nuages remplissent, pour ainsi dire, l'atmosphère de notre cerveau.

L'opium a trop de rapport avec le sommeil qu'il procure, pour ne pas le placer ici. Ce remède enivre, ainsi que le vin, le café, et chacun à sa manière, et suivant sa dose. Il rend l'homme heureux dans un état qui semblerait devoir être le tombeau du sentiment, comme il est l'image de la mort. Quelle douce léthargie ! L'âme n'en voudrait jamais sortir. Elle était en proie aux plus grandes douleurs ; elle ne sent plus que le seul plaisir de ne plus suffrir et de jouir de la plus charmante tranquillité. L'opium change jusqu'à la volonté; il force l'âme qui voulait veiller et se divertir, d'aller se mettre au lit malgré elle. Je passe sous silence l'histoire des poisons.

C'est en fouettant l'imagination, que le café, cet antidote du vin, dissipe nos maux de tête et nos chagrins, sans nous en ménager, comme cette liqueur, pour le lendemain.

sommeil, il y a, même lorsque nous sommes éveillés (ou du moins à moitié éveillés), des sortes de courtes siestes très fréquentes de l'esprit, des rêves de vergers, qui montrent que l'âme n'attend pas toujours que le corps dorme. Car si l'âme ne dort pas profondément, elle n'est sûrement pas loin du sommeil, puisqu'elle ne peut désigner un seul objet auquel elle s'est occupée, parmi le nombre incalculable d'idées confuses qui, pour ainsi dire, remplissent l'atmosphère de notre vie. des cerveaux comme des nuages.

L'opium est trop étroitement lié au sommeil qu'il produit pour être laissé de côté ici. Cette drogue enivre, comme le vin, le café, etc., chacun dans sa mesure et selon la dose. [12] Elle rend un homme heureux dans un état qui semblerait être le tombeau du sentiment, puisqu'elle est l'image de la mort. Comme cette léthargie est douce ! L'âme ne voudrait jamais en sortir. Car l'âme a été en proie à la douleur la plus intense, mais elle ne ressent plus que la joie des souffrances passées et de la paix la plus douce. L'opium altère même la volonté, obligeant l'âme qui voulait s'éveiller et jouir de la vie, à dormir malgré elle. J'oublierai toute référence à l'effet des poisons.

Le café, antidote bien connu du vin, en flagellant l'imagination, guérit nos maux de tête et disperse nos soucis sans nous réserver, comme le vin, d'autres maux de tête pour le

Contemplons l'âme dans ses autres besoins.

Le corps humain est une machine qui monte elle-même ses ressorts ; image vivante du mouvement perpétuel. Les aliments entretiennent ce que la fièvre excitent. Sans eux l'âme languit, entre en fureur et meurt abattue. C'est une bougie dont la lumière se ranime, au moment de s'éteindre. Mais nourrissez le corps, versez dans ses tuyaux des sucs vigoureux, des liqueurs fortes ; alors l'âme généreuse comme elles s'arme d'un fier courage et le soldat que l'eau eut fait fuir, devint féroce, court gaiement à la mort au bruit des tambours. C'est ainsi que l'eau chaude agite un sang que l'eau eut froidement calme.

Quelle puissance d'un repas! La joie renaît dans un cœur triste; elle passe dans l'âme des convives qui l'expriment par d'aimables chansons, où les Français excellents. Le mélancolique seul est accablé, et l'homme d'étude n'y est plus propre.

La viande crue rend les animaux féroces ; les hommes le deviendront par la même nourriture; cela est si vrai, que la nation anglaise, qui ne mange pas la chair si cuite que nous, mais rouge et sanglante, parait participer de cette férocité plus ou moins grande, qui vient en partie de tels aliments, et d'autres causes, que l'éducation peut seule rendre

lendemain. Mais contemplons l'âme dans ses autres besoins.

Le corps humain est une machine qui remonte ses propres ressorts. C'est l'image vivante du mouvement perpétuel. La nourriture entretient les mouvements que la fièvre excite. Sans nourriture, l'âme dépérit, devient folle et meurt épuisée. L'âme est un cierge dont la lumière s'allume juste avant de s'éteindre. Mais nourrissez le corps, versez dans ses veines des sucs vivifiants et des liqueurs fortes, et alors l'âme se fortifie comme elles, comme si elle s'armait d'un courage orgueilleux, et le soldat que l'eau eût fait fuir, s'enhardit et court joyeusement. à mort au son des tambours. Ainsi une boisson chaude met en mouvement orageux le sang qu'une boisson froide eût calmé.

Quelle puissance il y a dans un repas ! La joie renaît dans un cœur triste et infecte l'âme des camarades, qui expriment leur ravissement dans les chansons amicales dans lesquelles le Français excelle. Seul l'homme mélancolique est abattu, et l'homme studieux n'est pas non plus à sa place [en pareille compagnie].

La viande crue rend les animaux féroces, et elle aurait le même effet sur l'homme. Cela est si vrai que les Anglais qui mangent de la viande rouge et sanglante, et moins bien cuite que la nôtre, semblent partager plus ou moins la sauvagerie due à ce genre de nourriture et à d'autres causes qui ne peuvent être rendues inefficaces que par l'éducation. .

impuissantes. Cette férocité produit dans l'âme l'orgueil, la haine, le mépris des autres nations, l'indocilité et autres sentiments, qui dépravent le caractère, comme des aliments grossiers font un esprit lourd, épais, dont la paresse et l'indolence sont les attributs favoris.

M. Pope a bien connu tout l'empire de la gourmandise, lorsqu'il dit : « Le grave Catius parle toujours de vertu, et croit que, qui souffre les vicieux est vicieux lui-même. Ces beaux sentiments durent jusqu'à l'heure du dîner; alors il préfère un scélérat, qui a une table délicate, à un saint frugal.

« Considérez, dit-il ailleurs, le même homme en santé, ou en maladie ; posséder une belle charge, ou l'ayant perdue; vous le verrez chérir la vie, ou la hainer, fou à la chasse, ivrogne dans une assemblée de province, poli au bal, bon ami en ville, sans foi à la cour.

Nous avons eu en Suisse un bailli, nommé Steiguer de Wittighofen ; il était à jeûn le plusintégrer et même le plus indulgent des juges; mais malheur au misérable qui se trouvait

Cette sauvagerie crée dans l'âme l'orgueil, la haine, le mépris des autres nations, l'indocilité et d'autres sentiments qui dégradent le caractère, de même que la nourriture lourde rend un esprit ennuyeux et lourd dont les traits habituels sont la paresse et l'indolence.

Pope a bien compris toute la puissance de l'avidité lorsqu'il a dit : [13]

« Catius est toujours moral, toujours grave,

Il pense que celui qui endure un fripon devient ensuite un fripon,

Économisez juste au dîner, puis préfère sans aucun doute,

Un voyou avec le fils de Ven's pour un saint sans.

Ailleurs, il dit :

"Voir le même homme en vigueur, dans la goutte

Seul, en compagnie, sur place ou dehors,

Tôt au travail et au hasard tard,

Fou de chasse au renard, sage de débat,

Ivre dans un bourg, civil lors d'un bal,

Amical à Hackney, infidèle à White Hall.

En Suisse, nous avions un huissier du nom de M. Steigner de Wittighofen . Lorsqu'il jeûnait , il était un juge des plus intègres et même des plus indulgents, mais sur la sellette, lorsqu'il avait fait un grand diner ! Il était homme à faire pendre l'innocent, comme le coupable.

Nous pensons, et même nous ne sommes honnêtes gens, que comme nous sommes gais, ou braves ; tout dépend de la manière dont notre machine est montée. On dirait à certains moments que l'âme habite dans l'estomac, et que Van Helmont, en mettant son siège dans le pylore, ne se serait trompé qu'en prenant la partie pour le tout.

A quel excès la faim cruelle peut nous porter ! Plus de respect pour les entrailles concernées on doit ou on a donné la vie; sur les déchirer à belles dents, sur s'en fait d'horribles festins ; et dans la fureur dont on est transporté, le plus faible est toujours la proie du plus fort.

La grossesse, cette émule désirée des couleurs pâles, ne se contente pas d'amener le plus souvent à sa suite les goûts dépravés qui accompagnent ces deux états : elle a quelquefois fait exécuter à l'âme les plus affreux complots ; effets d'une manie subite, qui étouffe jusqu'à la loi naturelle. C'est ainsi que le cerveau, cette matrice de l'esprit, se pervertit à sa manière, avec celle du corps.

Quelle autre fureur d'homme ou de femme, dans ceux que la continence et la santé perdurent ! C'est peu pour cette fille timide et modeste d'avoir perdu toute honte et toute pudeur;

malheur au malheureux qu'il trouva sur le banc des coupables après un grand dîner ! Il était capable d'envoyer à la potence les innocents comme les coupables.

Nous pensons que nous sommes, et en fait nous sommes, de bons hommes, seulement dans la mesure où nous sommes gais ou courageux ; tout dépend de la façon dont notre machine fonctionne. On est parfois enclin à dire que l'âme est située dans l'estomac, et que Van Helmont [14], qui disait que le siège de l'âme était dans le pylore, n'a fait que l'erreur de prendre la partie pour le tout.

À quels excès la faim cruelle peut nous amener ! Nous ne respectons même plus nos propres parents et enfants. Nous les déchirons avidement et en faisons d'horribles banquets ; et dans la fureur avec laquelle nous sommes emportés, le plus faible est toujours la proie du plus fort....

elle ne regarde plus l'inceste, que comme une femme galante regarde l'adultère. Si ses besoins ne trouvent pas de prompts soulagements, ils ne se borneront point aux simples accidents d'une passion utérine, à la manie, etc.; cette malheureuse mourra d'un mal, dont il ya tant de médecins.

Il ne faut que des yeux pour voir l'influence nécessaire de l'âge sur la raison. L'âme suit les progrès du corps, comme ceux de l'éducation. Dans le beau sexe, l'âme suit encore la délicatesse du tempérament : de là cette tendresse, cette affection, ces sentiments vifs, plutôt fondés sur la passion que sur la raison, ces préjugés, ces superstitions, dont la forte empreinte peut à peine s'effacer, etc. L'homme, au contraire, dont le cerveau et les nerfs participent de la fermeté de tous les solides, à l'esprit, ainsi que les traits du visage, plus nerveux : l'éducation, dont manquent les femmes, ajoute encore de nouveaux degrés de force à son âme. Avec de tels secours de la nature et de l'art, comment ne serait-il pas plus reconnaissant, plus généreux, plus constant en amitié, plus ferme dans l' adversité ? etc. Mais, suivant à peu près la pensée de l'auteur des Lettres sur les Physionomies, qui joint les grâces de l'esprit et du corps à presque tous les sentiments du cœur les plus tendres et les plus délicates ne doivent point nous envier une double force, qui ne semble avoir été donnée à l'homme, l'une, que pour se mieux pénétrer

Il suffit d'avoir des yeux pour voir la nécessaire influence de la vieillesse sur la raison. L'âme suit les progrès du corps, comme elle suit les progrès de l'éducation. Chez le sexe faible, l'âme s'accorde aussi avec la délicatesse du tempérament, et de cette délicatesse découlent la tendresse, l'affection, les sentiments vifs dus plus à la passion qu'à la raison, aux préjugés et aux superstitions, dont la forte empreinte peut difficilement s'effacer. L'homme, au contraire, dont le cerveau et les nerfs participent de la fermeté de tous les solides, a non seulement des traits plus forts, mais aussi un esprit plus vigoureux. L'éducation, qui manque aux femmes, fortifie encore davantage son esprit. Ainsi, avec une telle aide de la nature et de l'art, pourquoi un homme ne serait-il pas plus reconnaissant, plus généreux, plus constant dans l'amitié, plus fort dans l'adversité ? Mais, pour suivre presque exactement la pensée de l'auteur des Lettres sur la Physiognomie 15 le sexe qui unit les charmes de l'esprit et du corps à presque tous les sentiments les plus tendres et les plus délicats du cœur, ne doit pas envier nous les deux des attraits de la beauté, l'autre, que pour mieux servir à ses plaisirs.

Il n'est pas plus nécessaire d'être aussi grand physionomiste que cet auteur pour deviner la qualité de l'esprit par la figure ou la forme des traits, lorsqu'ils sont marqués jusqu'à un certain point, qu'il ne l 'est d'être grand médecin pour connaître un mal accompagné de tous ses symptômes évidents. Examinez les portraits de Locke, de Steele, de Boerhaave, de Maupertuis, etc. vous ne serez point surpris de leur trouver des physionomies fortes, des yeux d'aigle. Parcourez-en une infinité d'autres, vous distinguerez toujours le beau du grand génie, et même souvent l'honnête homme du fripon. On a remarqué, par exemple, qu'un poète célèbre réunit (dans son portrait) l'air d'un filou, avec le feu de Prométhée.

L'histoire nous offre un exemple mémorable de la puissance de l'air. Le fameux duc de Guise était si fort convaincu que Henri III. qui l'avait eu tant de fois en son pouvoir, n'oserait jamais l'assassiner, qu'il partit pour Blois. Le chancelier Chyverni apprenant son départ, s'écria: *voilà un homme perdu !* Lorsque sa prédiction fatale était justifiée par l'événement, on lui en demanda la

capacités qui semblent avoir été données à l'homme, l'une simplement pour lui permettre de mieux comprendre les attraits de la beauté, et l'autre simplement pour lui permettre de mieux s'adonner à ses plaisirs.

Il n'est pas plus nécessaire d'être un aussi grand physionomiste que cet auteur, pour deviner la qualité de l'esprit d'après la physionomie ou la forme des traits, pourvu que ceux-ci soient suffisamment marqués, qu'il n'est nécessaire d'être un grand médecin. reconnaître une maladie accompagnée de tous ses symptômes marqués. Regardez les portraits de Locke, de Steele, de Boerhaave, [16] de Maupertuis, [17] et des autres, et vous ne serez pas surpris de trouver des visages forts et des yeux d'aigle. Regardez par-dessus une multitude d'autres, et vous pourrez toujours distinguer l'homme de talent de l'homme de génie, et souvent même un honnête homme d'un scélérat. Par exemple, on a remarqué qu'un poète célèbre combine (dans son portrait) l'aspect d'un pickpocket avec le feu de Prométhée.

L'histoire nous fournit un exemple remarquable du pouvoir de la température. Le célèbre duc de Guise était si fortement convaincu qu'Henri III, au pouvoir duquel il avait si souvent été, n'oserait jamais l'assassiner, qu'il se rendit à Blois. Quand le chancelier Chiverny apprit le départ du duc, il s'écria : « Il est perdu. » Après que cette fatale prédiction eut été accomplie par raison. *Il y a vingt ans , dit-il, que je connais le Roi; il est naturellement bon et même faible; mais j'ai observé qu'un rien l'impatiente et le met en fureur, lorsqu'il fait froid .*

Tel peuple à l'esprit lourd et stupide; tel autre l'a vif, léger, pénétrant. D'où cela vient-il, si ce n'est en partie, et de la nourriture qu'il prend, et de la semence de ses pères, 2 et de ce chaos de divers éléments qui nagent dans l'immensité de l' air? L'esprit a, comme le corps, ses maladies épidémiques et son scorbut.

Tel est l'empire du climat, qu'un homme qui en changement se ressent malgré lui de ce changement. C'est une plante ambulante, qui s'est elle-même transplantée ; si le climat n'est plus le même, il est juste qu'elle dégénère, ou s'améliore.

On prend tout encore de ceux avec qui l'on vit, leurs gestes, leurs accents, etc., comme la paupière se baisse à la menace du coup dont on est prévenu, ou par la même raison que le corps du spectateur imite machinalement, et malgré lui, tous les mouvements d'un bon pantomime.

Ce que je viens de dire prouve que la meilleure compagnie pour un homme d'esprit, est la sienne, s'il n'en trouve une semblable. L'esprit se rouille avec ceux qui n'en ont point, faute d'être exercé : à la

l'événement, on demanda à Chiverny pourquoi il l'avait fait. « Je connais le roi depuis vingt ans, dit-il ; « Il est naturellement bon et même faiblement indulgent, mais j'ai remarqué que lorsqu'il fait froid, il n'en faut rien pour le provoquer et l'emporter.

Une nation est d'un esprit lourd et stupide, et une autre est rapide, légère et pénétrante. D'où vient cette différence, sinon en partie de la différence des aliments et de l'héritage, 2 et en partie du mélange des divers éléments qui flottent dans l'immensité du vide ? L'esprit, comme le corps, a ses maladies contagieuses et son scorbut.

L'influence du climat est telle, qu'un homme qui passe d'un climat à un autre en ressent le changement, malgré lui. C'est une plante ambulante qui s'est transplantée ; si le climat n'est pas le même, il va sûrement dégénérer ou s'améliorer.

De plus, nous captons tout de ceux avec qui nous sommes en contact ; leurs gestes, leur accent, etc. ; tout comme la paupière s'abaisse instinctivement lorsqu'un coup est prévu, ou comme (pour la même raison) le corps du spectateur imite mécaniquement, malgré lui, tous les mouvements d'un bon mime. [18]

De ce que je viens de dire, il s'ensuit qu'un homme brillant est sa meilleure compagnie, à moins qu'il ne puisse trouver une autre compagnie du même genre. Dans la société des inintelligents, l'esprit paume, on renvoie mal la balle à qui la sert mal. J'aimerais mieux un homme intelligent, qui n'aurait eu aucune éducation, que s'il en eût eu une mauvaise, pourvu qu'il fût encore assez jeune. Un esprit mal conduit est un acteur que la province a gâté.

Les divers états de l'âme sont donc toujours corrélatifs à ceux du corps. Mais, pour mieux démontrer toute cette dépendance et ses causes, servions-nous ici de l'anatomie comparée; ouvrons les entrailles de l'homme et des animaux. Le moyen de connaître la nature humaine, si l'on n'est éclairé par un juste parallèle de la structure des uns et des autres !

En général, la forme et la composition du cerveau des quadrupèdes est à peu près la même que dans l'homme. Même figure, même disposition partout ; avec cette différence essentielle, que l'homme est de tous les animaux celui qui a le plus de cerveau, et le cerveau le plus tortueux, en raison de la masse de son corps. Ensuite le singe, le castor, l'éléphant, le chien, le renard, le chat, etc., voilà les animaux qui ressemblent au plus à l' homme ; car on remarque aussi chez eux la même analogie graduée, par rapport au corps calleux, dans lequel Lancisi avait établi le siège de l'âme, avant feu M. de la Peyronnie , qui cependant a illustré cette opinion par une foule d'expériences.

rouille faute d'exercice, comme au tennis une balle mal servie est mal rendue. Je préférerais un homme intelligent et sans instruction, s'il était encore assez jeune, à un homme mal instruit. Un esprit mal dressé est comme un acteur que les provinces ont gâté.

Ainsi les divers états de l'âme sont toujours corrélatifs à ceux du corps. ~~Mais~~ pour mieux montrer cette dépendance, dans sa complétude et ses causes, faisons usage ici de l'anatomie comparée ; mettons à nu les organes de l'homme et des animaux. Comment peut-on connaître la nature humaine, si l'on ne peut tirer aucune lumière d'une comparaison exacte de la structure de l'homme et de celle des animaux ?

En général, la forme et la structure du cerveau des quadrupèdes sont à peu près les mêmes que celles du cerveau de l'homme ; même forme, même disposition partout, avec cette différence essentielle, que de tous les animaux , l'homme est celui dont le cerveau est le plus grand, et, proportionnellement à sa masse, plus alambiqué que celui de tout autre animal ; puis viennent le singe, le castor, l'éléphant, le chien, le renard, le chat. Ces animaux ressemblent le plus à l'homme, car chez eux aussi on constate la même analogie progressive par rapport au *corps calleux* dans lequel Lancisi — anticipant feu M. de la Peyronie [20] — a établi le siège de l'âme. Ce dernier, cependant, a illustré la théorie par d'innombrables expériences. Après

Après tous les quadrupèdes, ce sont les oiseaux qui ont le plus de cerveau. Les poissons ont la tête grosse; mais elle est vide de sens, comme celle de bien des hommes. Ils n'ont point de corps calleux et fort peu de cerveau, lequel manque aux insectes.

Je ne me diffuserai point en un plus long détail des variétés de la nature, ni en conjectures, car les unes et les autres sont infinies, comme on en peut juger en lisant les seuls traités de Willis, De Cerebro, et *De* Anima *Brutorum* .

Je conclurai seulement ce qui s'en suit clairement de ces observations incontestables : 1 ° que plus les animaux sont farouches, moins ils ont de cerveau ; 2 ° que ce viscère semble s'agrandir, en quelque sorte, à proportion de leur docilité ; 3o ^{qu'il} y a ici une singulière condition imposée éternellement par la nature, qui est que plus on gagnera du côté de l'esprit, plus on perdra du côté de l'instinct. Quel est l'emportement, la perte ou le gain ?

Ne croyez pas, au reste, que je veuille prétendre par là que le seul volume du cerveau suffit pour faire juger du degré de docilité des animaux; il faut que la qualité réponde encore à la quantité, et que les solides et les fluides soient dans cet équilibre convenable qui fait la santé.

tous les quadrupèdes, les oiseaux ont le plus gros cerveau. Les poissons ont de grosses têtes, mais celles-ci sont dénuées de sens, comme celles de beaucoup d'hommes. Les poissons n'ont pas *de corps calleux* et très peu de cerveau, tandis que les insectes sont totalement dépourvus de cerveau.

Je ne me lancerai pas dans plus de détails sur les variétés de la nature, ni dans des conjectures les concernant, car il existe un nombre infini des deux, comme chacun peut le constater en ne lisant que les traités de Willis « De Cerebro » et « De Anima Brutorum . » [21]

Je tirerai les conclusions qui découlent clairement de ces observations incontestables : 1° que plus les animaux sont féroces, moins ils ont de cerveau ; 2° que cet organe semble augmenter de volume proportionnellement à la douceur de l'animal ; 3° que la nature semble ici éternellement imposer une condition singulière, que plus on gagne en intelligence, plus on perd en instinct. Est-ce que cela apporte un gain ou une perte ?

Ne croyez pas cependant que je veuille inférer par là que la taille seule du cerveau suffise à indiquer le degré d'apprivoisement des animaux : la qualité doit correspondre à la quantité, et les solides et les liquides doivent être dans cette proportion. juste équilibre qui constitue la santé.

Si l'imbécile ne manque pas de cerveau, comme on le remarque ordinairement, ce viscère péchera par une mauvaise consistance, par trop de mollesse, par exemple. Il en est de même des fous; les vices de leur cerveau ne se dérobent pas toujours à nos recherches; mais si les causes de l'imbécilité, de la folie, etc. ne sont pas sensibles, où aller chercher celles de la variété de tous les esprits ? Elles échappaient aux yeux des lynx et des argus. *Un rien, une petite fibre, quelque chose que la plus subtile anatomie ne peut découvrir*, eu fait deux sots d'Erasme et de Fontenelle, qui le remarque lui même dans un de ses meilleurs *Dialogues*.

Outre la mollesse de la moëlle du cerveau, dans les enfants, dans les petits chiens et dans les oiseaux, Willis a remarqué que les corps *cannelés* sont effacés et comme décolorés dans tous ces animaux, 28 et que leurs *stries* sont aussi imparfaitement formées que dans les paralytiques. Il ajoute, ce qui est vrai, que l'homme à la protubérance annulaire fort grosse; et ensuite toujours diminutivement par degrés , le singe et les autres animaux nommés ci-devant, tandis que le veau, le bœuf, le loup, la brebis, le cochon, etc. qui ont cette partie d'un très petit volume, ont les *nattes* et *testes* fort gros.

On a beau être discret et réservé sur les conséquences qu'on peut tirer de ces observations et de tant d'autres sur l'espèce d'inconstance des vaisseaux et des nerfs, etc. : tant de variétés ne peuvent être des jeux

Si, comme on l'observe ordinairement, l'imbécile ne manque pas de cerveau, son cerveau manquera de consistance, par exemple s'il sera trop mou. Il en est de même des aliénés, et les défauts de leur cerveau n'échappent pas toujours à notre enquête. Mais si les causes de l'imbécillité, de la folie, etc. ne sont pas évidentes, où chercherons-nous les causes de la diversité de tous les esprits ? Ils échapperaient aux yeux d'un lynx et d'un argus. Un rien, une fibre minuscule , quelque chose que l'anatomie la plus délicate ne pourrait jamais trouver, aurait fait d'Erasmus et de Fontenelle [22] deux idiots, et Fontenelle lui-même parle de ce fait dans l'un de ses meilleurs dialogues.

Willis a remarqué, outre la douceur de la substance cérébrale chez les enfants, les chiots et les oiseaux, que les *corps striés* sont oblitérés et décolorés chez tous ces animaux, et que les stries sont aussi imparfaitement formées que chez les paralytiques.

Si prudent et réservé qu'on puisse être sur les conséquences qu'on peut déduire de ces observations, et de bien d'autres, sur le genre de variation dans les organes, les nerfs, etc., [il faut admettre que] tant de gratuits de la nature. Elles prouvent du moins la nécessité d'une bonne et abondante organisation, puisque dans tout le règne animal l'âme, se raffermissant avec le corps, acquiert de la sagacité, à mesure qu'il prend des forces.

Arrêtons-nous à contempler la différente docilité des animaux. Sans doute l'analogie la mieux entendue conduit l'esprit à croire que les causes dont nous avons fait mention produisent toute la diversité qui se trouve entre eux et nous, quoiqu'il faille avouer que notre faible entendement, borné aux observations les plus grossières, ne peut voir les liens qui règnent entre la cause et les effets. C'est une espèce d' *harmonie* que les philosophes ne connaîtront jamais.

Parmi les animaux, les uns apprennent à parler et à chanter; ils retiennent des airs et prennent tous les tons aussi exactement qu'un musicien. Les autres, qui montrent plus d'esprit, tels cependant que le singe, n'en peuvent venir à bout. Pourquoi cela, si ce n'est par un vice des organes de la parole ?

Mais ce vice est-il tellement de conformation, [29] qu'on n'y peut apporter aucun remède ? en un mot serait-il absolument impossible d'apprendre une langue à cet animal ? Je ne le crois pas.

Je prendrais le grand singe préférablement à tout autre, jusqu'à

variétés différentes ne peuvent être les mêmes . jeu gratuit de la nature. Ils prouvent au moins la nécessité d'une organisation physique bonne et vigoureuse, puisque dans tout le règne animal l'âme gagne en force avec le corps et acquiert de l'acuité, à mesure que le corps gagne en force.

Arrêtons-nous pour contempler la capacité variable des animaux à apprendre. Sans doute l'analogie la mieux formulée porte l'esprit à penser que les causes que nous avons évoquées produisent toute la différence qui se trouve entre les animaux et les hommes, même s'il faut avouer que notre faible entendement, borné aux observations les plus grossières, ne peut voir les liens qui existent . entre cause et effet. C'est une sorte d'harmonie que les philosophes ne connaîtront jamais.

Parmi les animaux, certains apprennent à parler et à chanter ; ils se souviennent des airs et frappent les notes aussi exactement qu'un musicien. D'autres, par exemple le singe, font preuve de plus d'intelligence et pourtant ne peuvent pas apprendre la musique. Quelle en est la raison, sinon un défaut dans les organes de la parole ? Mais ce défaut est-il si essentiel à la structure qu'il ne pourra jamais être réparé ? En un mot, serait-il absolument impossible d'apprendre une langue au singe ? [23] Je ne le pense pas.

Je choisirais un grand singe de préférence à tout autre, jusqu'à ce ce que le hasard nous eût fait découvrir quelque autre espèce plus semblable à la nôtre, car rien ne répugne qu'il y en ait dans des régions qui nous sont inconnues. Cet animal nous ressemble si fort, que les naturalistes l'ont appelé *homme sauvage* , ou *homme des bois* . Je le prendrais aux mêmes conditions des écoliers d'Amman; c'est-à-dire, que je voudrais qu'il ne fût ni trop jeune ni trop vieux; car ceux qu'on nous apporte en Europe sont communément trop âgés. Je choisirais celui qui aurait la physionomie la plus spirituelle, et qui tiendrait le mieux dans mille petites opérations ce qu'elle m'aurait promis. Enfin, ne me trouvant pas digne d'être son gouverneur, je le mettrais à l'école de l'excellent maître que je viens de nommer, ou d'un autre aussi habile, s'il en est.

Vous savez par le livre d'Amman, et par tous ceux qui ont traduit sa méthode, tous les prodiges qu'il a su opérer sur les sourds de naissance, dans les yeux dont il a, comme il le fait entendre lui-même , trouvé des oreilles; et en combien peu de temps enfin il leur a apprendre à entendre, parler, lire et écrire. Je veux que les yeux d'un sourd voient plus clair et soient plus intelligents que s'il ne l'était pas, par la raison que la perte d'un membre ou d'un sens peut augmenter la force ou la pénétration d' un autre : mais le singe voit et entend ; il comprend ce qu'il entend et ce qu'il voit; il conçoit si parfaitement les signes qu'on lui fait, qu'à tout autre jeu, [30] ou tout

que, par bonheur, on en découvre une autre espèce, plus semblable à la nôtre, car rien n'empêche qu'il en existe dans des régions qui nous sont inconnues. Le singe nous ressemble tellement que les naturalistes l'ont appelé « l'homme sauvage » ou « l'homme des bois ». Je le prendrais dans la condition des élèves d'Amman [24], c'est-à-dire que je ne voudrais ni qu'il soit trop jeune ni trop vieux ; car les singes amenés en Europe sont généralement trop vieux. Je choisirais celui qui aurait le visage le plus intelligent, et celui qui, de mille petites manières, serait le mieux à la hauteur de son air d'intelligence. Enfin, ne me considérant pas digne d'être son maître, je le mettrais à l'école de cet excellent maître que je viens de nommer, ou chez un autre maître également habile , s'il y en a un.

Vous connaissez par les travaux d'Amman, et par tous ceux qui ont interprété sa méthode, toutes les merveilles qu'il a pu accomplir pour les sourds-nés. Dans leurs yeux, il découvrit des oreilles, comme il l'explique lui-même, et en combien de temps ! Bref , il leur apprit à entendre, à parler, à lire et à écrire. J'admets que les yeux d'une personne sourde voient plus clairement et sont plus perçants que s'il n'était pas sourd, car la perte d'un membre ou d'un sens peut augmenter la force ou l'acuité d'un autre, mais les singes voient et entendent, ils comprennent ce qu'ils entendent et voient. , et saisissent si parfaitement les signes qu'on leur autre exercice, je ne doute point qu'il ne l'emportât sur les disciples d'Amman. Pourquoi donc l'éducation des singes serait-elle impossible ? Pourquoi ne pourrait-il enfin, à force de soins, imiter, à l'exemple des sourds, les mouvemens nécessaires pour prononcer ? Je n'ose décider si les organes de la parole du singe ne peuvent, quoiqu'on fasse, rien articuler; mais cette impossibilité absolue me surprendrait, à cause de la grande analogie du singe et de l'homme, et qu'il n'est point d'animal connu jusqu'à présent, dont le dedans et le dehors lui ressemble d'une manière si frappant. Mr. Locke, qui certainement n'a jamais été suspect de crédulité, n'a pas fait difficulté de croire l'histoire que le Chevalier Temple fait dans ses Mémoires, d'un perroquet qui répondait à propos et avait appris, comme nous, à avoir une espèce de conversation suivie. Je sais qu'on s'est moqué 4 de ce grand métaphysicien; mais qui aurait annoncé à l'univers qu'il ya des générations qui se font sans œufs et sans femmes, aurait-il trouvé beaucoup de partisans ? Cependant M. Trembley en a découvert, qui se fait sans accouplement, et par la seule section. Amman n'eût-il pas aussi passé pour un fou, s'il se fût vanté, avant que d'en faire l'heureuse expérience, d'instruire, et en aussi peu de temps, des écoliers tels que les siens ? Cependant ses succès ont étonné l'univers, et comme l'auteur de l'Histoire des Polypes, il a passé de plein vol à l'immortalité. Qui doit

fait, que je ne doute pas qu'ils surpasseraient les élèves d'Amman dans tout autre jeu ou exercice. Pourquoi alors l'éducation des singes serait-elle impossible ? Pourquoi le singe ne pourrait-il pas, à force de grandes douleurs, imiter enfin, à la manière des sourds-muets, les mouvements nécessaires à la prononciation ? Je n'ose pas décider si les organes de la parole du singe, quel que soit leur entraînement, seraient incapables de s'articuler. Mais, à cause de la grande analogie entre le singe et l'homme [25] et parce qu'il n'existe aucun animal connu dont les organes externes et internes ressemblent si étonnamment à ceux de l'homme, je serais surpris que la parole soit absolument impossible au singe. Locke, qui n'a certainement jamais été soupçonné de crédulité, n'a trouvé aucune difficulté à croire l'histoire racontée par Sir William Temple [26] dans ses mémoires, à propos d'un perroquet capable de répondre rationnellement et qui avait appris à entretenir une sorte de conversation cohérente, comme nous le pensons. faire. Je sais qu'on a ridiculisé ce grand métaphysicien ; mais si quelqu'un avait annoncé que la reproduction s'effectue parfois sans œufs ni femelle, aurait-il trouvé beaucoup de partisans ? Pourtant M. Trembley [27] a trouvé des cas où la reproduction s'effectue sans copulation et par fission. Amman n'aurait-il pas, lui aussi, passé pour fou s'il s'était vanté de pouvoir instruire des savants comme le sien en si peu de temps, avant d'avoir à son génie les miracles qu'il opère, l'emporte à mon gré sur qui doit les siens au hasard. Qui a trouvé l'art d'embellir le plus beau des règnes, et de lui donner des perfections qu'il n'avait | 31 | pas, doit être mis au-dessus d'un faiseur oisif de systèmes frivoles, ou d' un auteur laborieux de stériles découvertes. Celles d'Amman sont bien d'un autre prix; il a tiré les hommes de l'instinct auxquels ils semblaient condamnés ; il leur a donné les idées, de l'esprit, une âme en un mot, qu'ils n'eûssent jamais eue. Quel plus grand pouvoir !

Ne bornons point les ressources de la nature; elles sont infinies, surtout aidées d'un grand art.

La même mécanique, qui ouvre le canal d'Eustachi dans les sourds, ne pourrait-il le déboucher dans les singes ? Une heureuse envie d'imiter la prononciation du maître, ne pourrait-elle mettre en liberté les organes de la parole, dans les animaux qui imitent tant d'autres signes, avec tant d'adresse et d'intelligence ? Non seulement je défie qu'on me cite aucune expérience vraiment concluante, qui décide mon projet impossible et ridicule; mais la similitude de la structure et des opérations du singe

accompli avec bonheur l'exploit ? Ses succès ont cependant étonné le monde ; et lui, comme l'auteur de « L'Histoire des Polypes », est parvenu à l'immortalité d'un seul coup. Celui qui doit les miracles qu'il opère à son propre génie surpasse, à mon avis, celui qui les doit au hasard. Celui qui a découvert l'art d'orner le plus beau des royaumes, et de lui donner des perfections qu'il n'avait pas, doit être mis au-dessus d'un oisif créateur de systèmes frivoles, ou d'un auteur minutieux de découvertes stériles. Les découvertes d'Amman sont certainement d'une bien plus grande valeur ; il a libéré les hommes de l'instinct auquel ils semblaient condamnés et leur a donné des idées, une intelligence, en un mot une âme qu'ils n'auraient jamais eue. Quelle puissance plus grande que celle-ci !

Ne limitons pas les ressources de la nature ; ils sont infinis, surtout lorsqu'ils sont renforcés par le grand art.

L'appareil qui ouvre le canal d'Eustache des sourds ne pourrait-il pas ouvrir celui des singes ? Un heureux désir d'imiter la prononciation du maître ne pourrait-il pas libérer les organes de la parole chez les animaux qui imitent tant d'autres signes avec tant d'adresse et d'intelligence ? Non seulement je défie quiconque de nommer une expérience vraiment concluante qui prouverait que mon point de vue est impossible et absurde ; mais la structure et les fonctions du singe sont telles avec est telle, que je ne doute presque point, si on exerçait parfaitement cet animal, qu'on ne vînt enfin à bout de lui apprendre à prononcer, et par conséquent à savoir une langue. Alors ce ne serait plus ni un homme sauvage, ni un homme manqué : ce serait un homme parfait, un petit homme de ville, avec autant d'étoffe ou de muscles que nous-mêmes, pour penser et profiter de son éducation.

Des animaux à l'homme, la transition n'est pas violente; les vrais philosophes en conviendront. Qu'était l'homme, avant l'invention des mots et la connaissance des langues ? Un animal de son espèce, qui avec beaucoup moins d'instinct naturel que les autres, dont alors il ne se croyait pas roi, n'était distingué du singe et des autres animaux | 32 | que comme le singe l'est lui- même ; je veux dire par une physionomie qui annonce plus de discernement. Réduit à la seule *connaissance intuitive* des Leibniziens, il ne voyait que des figures et des couleurs, sans pouvoir rien distinguer entre elles ; vieux, comme jeune, enfant à tout âge, il bégayait ses sensations et ses besoins, comme un chien affamé, ou ennuyé de repos, demande à manger ou à se promener.

Les mots, les langues, les lois, les sciences, les beaux-arts sont venus ; et par eux enfin le diamant brut de notre esprit a été poli. On a habillé un homme, comme un animal; on est devenu auteur, comme portefaix. Un géomètre a appris à faire les

les nôtres que je n'ai aucun doute que si cet animal était correctement dressé , on pourrait enfin lui apprendre à prononcer et, par conséquent, à connaître une langue. Alors il ne serait plus un homme sauvage, ni un homme défectueux, mais il serait un homme parfait, un petit gentleman, avec autant de matière et de muscle que nous avons, pour penser et profiter de son éducation.

Le passage des animaux à l'homme n'est pas violent, comme l'admettent les vrais philosophes. Qu'était l'homme avant l'invention des mots et la connaissance du langage ? [28] Un animal de son espèce avec beaucoup moins d'instinct que les autres. À cette époque, il ne se considérait pas comme le roi des autres animaux, et il ne se distinguait pas non plus du singe ni des autres, sauf dans la mesure où le singe lui-même diffère des autres animaux, c'est-à-dire . e., par un visage plus intelligent. Réduit au simple savoir intuitif des Leibniziens, il ne voyait que des formes et des couleurs, sans pouvoir les distinguer : le même, vieux comme jeune, enfant à tous âges, il bezoyait ses sensations et ses besoins, comme un chien qui affamé ou fatigué de dormir, demande à manger ou à se promener.

Les mots, les langues, les lois, les sciences et les beaux-arts sont venus, et grâce à eux le diamant brut de notre esprit a finalement été poli. L'homme a été dressé de la même manière que les animaux. Il est devenu auteur, comme eux sont démonstrations et les calculs les plus difficiles, comme un singe à ôter ou mettre son petit chapeau, et à monter sur son chien docile. Tout s'est fait par les signes; chaque espèce a comprend ce qu'elle a pu comprendre : et c'est de cette manière que les hommes ont acquis *la connaissance symbolique* , ainsi nommée encore par nos philosophes d'Allemagne.

Rien de si simple, comme on voit, que la mécanique de notre éducation ! Tout se réduit à des sons, ou à des mots, qui de la bouche de l'un passe par l'oreille de l'autre dans le cerveau, qui reçoit en même temps par les yeux la figure des corps, dont ces mots sont les signes arbitraires.

Mais qui a parlé le premier ? Qui a été le premier précepteur du genre humain ? Qui a inventé les moyens de mettre à profit la docilité de notre organisation ? Je n'en sais rien; le nom de ces heureux et premiers génies a été perdu dans la nuit des temps. Mais l'art est le fils de la nature ; elle a dû longtemps le précéder.

On doit croire que les hommes les mieux organisés, ceux pour qui la nature aura épuisé ses bienfaits, auront instruit les autres. Ils n'auront pu entendre un bruit nouveau, par exemple, éprouver de nouvelles sensations, être frappés de tous ces beaux objets divers qui forment le

devenus des bêtes de somme. Un géomètre a appris à faire les démonstrations et les calculs les plus difficiles, comme un singe a appris à enlever et remettre son petit chapeau et à monter son chien apprivoisé. Tout s'est accompli par des signes, chaque espèce a appris ce qu'elle pouvait comprendre, et c'est ainsi que les hommes ont acquis la connaissance symbolique, ainsi appelée encore par nos philosophes allemands.

Rien, comme chacun peut le constater, n'est aussi simple que le mécanisme de notre éducation. Tout peut se réduire à des sons ou à des mots qui passent de la bouche de l'un à travers les oreilles de l'autre jusqu'à son cerveau. Au même instant, il perçoit par ses yeux la forme des corps dont ces mots sont les signes arbitraires.

Mais qui a pris la parole le premier ? Qui fut le premier enseignant de la race humaine ? Qui a inventé le moyen d'utiliser la plasticité de notre organisme ? Je ne peux pas répondre : les noms de ces premiers génies splendides se sont perdus dans la nuit des temps. Mais l'art est un enfant de la nature, la nature doit donc l'avoir précédé de longtemps.

Il faut penser que les hommes les plus organisés, ceux à qui la nature avait prodigué ses plus riches dons, ont enseigné aux autres. Ils n'auraient pas pu entendre par exemple un son nouveau, ni éprouver des sensations nouvelles, ni être frappés par tous les objets ravissant spectacle de la nature, sans se trouver dans le cas de ce sourd de Chartres dont le grand Fontenelle. nous a le premier donné l'histoire, lorsqu'il entendit pour la première fois à quarante et le bruit étonnant des cloches.

De là serait-il absurde de croire que ces premiers mortels essayèrent à la manière de ce sourd, ou à celle des animaux et des muets (autre espèce d'animaux), d'exprimer leurs nouveaux sentiments par des mouvements dépendants de l'économie. de leur imagination, et par conséquent ensuite par des sons spontanés propres à chaque animal, expression naturelle de leur surprise, de leur joie, de leurs transports, ou de leurs besoins ? Car sans doute ceux que la nature a doués d'un sentiment plus exquis, ont eu aussi plus de facilité pour l'exprimer.

Voilà comme je conçois que les hommes ont employé leur sentiment, ou leur instinct, pour avoir de l'esprit, et enfin leur esprit, pour avoir des connaissances. Voilà par quels moyens, autant que je puis les saisir, on s'est rempli le cerveau des idées, pour la réception dont la nature l'avait formée. On s'est aidé l'un par l'autre; et les plus petits commencements s'agrandissant peu à peu, toutes les choses de l'univers ont été aussi facilement distinguées qu'un cercle.

variés et beaux qui composent le ravissant spectacle de la nature, sans se retrouver dans l'état d'esprit du sourd de Chartres, dont l'expérience fut raconté pour la première fois par le grand Fontenelle, 29 ans, lorsque, à quarante ans, il entendit pour la première fois le son étonnant des cloches.

Serait-il absurde d'en conclure que les premiers mortels essayaient, à la manière de ce sourd, ou comme des animaux et comme des muets (une autre espèce d'animaux), d'exprimer leurs sentiments nouveaux par des mouvements dépendant de la nature de leur imagination, et donc ensuite par des sons spontanés, distinctifs de chaque animal, comme expression naturelle de leur surprise, de leur joie, de leurs extases et de leurs besoins ? Car sans doute ceux que la nature douait de sentiments plus fins avaient aussi une plus grande facilité d'expression.

C'est ainsi, je pense, que les hommes ont utilisé leur sentiment et leur instinct pour acquérir de l'intelligence, puis ont utilisé leur intelligence pour acquérir des connaissances. Telles sont les manières, autant que je puis les comprendre, par lesquelles les hommes ont rempli le cerveau des idées pour la réception desquelles la nature l'a fait. La nature et l'homme se sont entraidés ; et les plus petits commencements ont peu à peu augmenté, jusqu'à ce que tout dans l'univers puisse être aussi facilement décrit comme un cercle.

Comme une corde de violon ou une touche de clavecin frémit et rend un son, les cordes du cerveau, frappées par les rayons sonores, ont été réagies à rendre ou à redire les mots qui les touchaient. Mais comme telle est la construction de ce viscère, que dès qu'une fois les yeux bien formés pour l'optique ont reçu la peinture des objets, le cerveau ne peut pas ne pas voir leurs images et leurs différences : de même, lorsque les les signes de ces différences ont été marqués, ou gravés dans le cerveau, l'âme en a examiné les rapports; examen qui lui était impossible sans la découverte des signes, ou l'invention des langues. Dans ces temps, où l'univers était presque muet, l'âme était à l'égard de tous les objets, comme un homme qui, sans avoir aucune idée des proportions, regardait un tableau, ou une pièce de sculpture : il n ' y pourrait rien distinguer; ou comme un petit enfant (car alors l'âme était dans son enfance) qui, tenant dans sa main un certain nombre de petits brins de paille ou de bois, les voit en général d'une vue vague et superficielle, sans pouvoir les compter ni les distinguer. Mais qu'on mette une espèce de pavillon, ou d'étendard, à cette pièce de bois, par exemple, qu'on appelle mât, qu'on en mette un autre à un autre pareil corps ; que le premier venu se nombre par le signe 1 et le second par le signe ou chiffre 2; alors cet enfant pourra les compter, et ainsi de suite il apprendra toute l'arithmétique. Dès qu'une figure lui paraîtra égale à une autre par son

Comme une corde de violon ou une touche de clavecin vibre et produit du son, ainsi les fibres cérébrales , frappées par des ondes sonores, sont stimulées pour rendre ou répéter les mots qui les frappent. Et comme la structure du cerveau est telle que lorsque des yeux bien formés pour voir, ont une fois perçu l'image des objets, le cerveau ne peut s'empêcher de voir leurs images et leurs différences, de même lorsque les signes de ces différences ont été tracés ou imprimés dans le cerveau, l'âme examine nécessairement leurs relations, examen qui aurait été impossible sans la découverte des signes ou l'invention du langage. A l'époque où l'univers était presque muet, l'attitude de l'âme à l'égard de tous les objets était celle d'un homme sans aucune idée de proportion envers un tableau ou une sculpture dans lesquels il ne distinguait rien ; ou bien l'âme était comme un petit enfant (car l'âme était alors dans son enfance) qui, tenant à la main des petits morceaux de paille ou de bois, les voit d'une manière vague et superficielle sans pouvoir les compter ni les distinguer. Mais laisse quelqu'un attachez une sorte de bannière, ou étendard, à ce morceau de bois (que l'on appelle peut-être un mât), et une autre bannière à un autre objet semblable ; que le premier soit connu par le symbole 1, et le second par le symbole ou le chiffre 2, alors l'enfant pourra compter les objets, et de cette façon il apprendra tout l'arithmétique. Dès qu'un chiffre lui semble égal à un autre dans son signe *numératif* , il conclura sans peine que ce sont deux corps différents; que 1 et 1 font deux, que 2 et 2 font 4, 5 etc.

C'est cette similitude réelle, ou apparente, des [35] figures, qui est la base fondamentale de toutes les vérités et de toutes nos connaissances, parmi lesquelles il est évident que celles dont les signes sont moins simples et moins sensibles sont plus difficiles. à apprendre que les autres, en ce qu'elles demandent plus de génie pour embrasser et combiner cette immense quantité de mots par lesquels les sciences dont je parle expriment les vérités de leur ressort : tandis que les sciences qui s'annoncent par des chiffres, ou autres petits signes, s'apprennent facilement; et c'est sans doute cette facilité qui a fait la fortune des calculs algébriques, plus encore que leur évidence.

Tout ce savoir dont le vent enfle le ballon du cerveau de nos pédants orgueilleux, n'est donc qu'un vaste amas de mots et de figures, qui forment dans la tête toutes les traces par lesquelles nous distinguons et nous nous rappellons les objets . Toutes nos idées se réveillent, comme un jardinier qui connaît les plantes se souvient de toutes leurs phases à leur aspect. Ces mots et ces figures qui sont désignés par eux, sont tellement liés ensemble dans le cerveau, qu'il est assez rare qu'on imagine une chose sans le nom ou le signe qui lui est attaché.

signe numérique, il décidera sans difficulté que ce sont deux corps différents, que 1 + 1 font 2, et 2 + 2 font 4, 5 etc.

Cette ressemblance réelle ou apparente des chiffres est la base fondamentale de toutes les vérités et de tout ce que nous savons. Parmi ces sciences, évidemment celles dont les signes sont moins simples et moins sensibles sont plus difficiles à comprendre que les autres, parce qu'il faut plus de talent pour comprendre et combiner l'immense nombre de mots par lesquels ces sciences expriment les vérités qui sont dans leur domaine. Au contraire, les sciences qui s'expriment par des nombres ou par d'autres petits signes, s'apprennent facilement ; et c'est sans doute cette facilité plutôt que sa démontrabilité qui a fait la fortune de l'algèbre.

Toute cette connaissance dont la vanité remplit le cerveau ballonné de nos fiers pédants n'est donc qu'une masse immense de mots et de chiffres qui forment dans le cerveau toutes les marques par lesquelles nous distinguons et rappelons les objets. Toutes nos idées s'éveillent à la manière dont le jardinier qui connaît les plantes se souvient de toutes les étapes de leur croissance à leur vue. Ces mots et les objets qu'ils désignent sont tellement liés dans le cerveau qu'il est relativement rare d'imaginer une chose sans le nom ou le signe qui lui est attaché.

Je me sers toujours du mot *imaginer*, parce que je crois que tout s'imagine, et que toutes les parties de l'âme peuvent être justement réduites à la seule imagination, qui les forme toutes; et qu'ainsi le jugement, le raisonnement, la mémoire ne sont que des parties de l'âme nullement absolues, mais de véritables modifications de cette espèce de toile *médullaire*, sur laquelle les objets peints dans l'œil sont renvoyés, comme d' une lanterne magique.

Mais si tel est ce résultat merveilleux et incompréhensible de l'organisation du cerveau; si tout se conçoit par l'imagination, si tout s'explique par elle; pourquoi diviser le principe sensible qui pense dans l'homme ? N'est-ce pas une contradiction manifeste chez les partisans de la simplicité de l'esprit ? Car une chose qu'on divise ne peut plus être, sans absurdité, regardée comme indivisible. Voilà où conduit l'abus des langues, et l'usage de ces grands mots, *spiritualité* , *immatérialité* , etc., placés à tout hasard, sans être entendus, même par des gens d'esprit.

Rien de plus facile que de prouver un système, fondé comme celui-ci sur le sentiment intime et l'expérience propre de chaque individu. L'imagination, ou cette partie fantastique du cerveau, dont la nature nous est aussi inconnue que sa manière d'agir, est-elle naturellement petite, ou faible ? elle aura à peine la force de comparer

J'utilise toujours le mot « imaginer », parce que je pense que tout est l'œuvre de l'imagination, et que toutes les facultés de l'âme peuvent être correctement réduites à l'imagination pure en laquelle elles consistent toutes. [30] —Ainsi le jugement, la raison et la mémoire ne sont pas des parties absolues de l'âme, mais simplement des modifications de cette sorte d'écran médullaire sur lequel les images des objets peints dans l'œil sont projetées comme par une lanterne magique.

Mais si tel est le résultat merveilleux et incompréhensible de la structure du cerveau, si tout est perçu et expliqué par l'imagination, pourquoi diviserions-nous le principe sensible qui pense dans l'homme ? N'est-ce pas là une incohérence évidente chez les partisans de la simplicité d'esprit ? Car une chose divisée ne peut plus, sans absurdité, être considérée comme indivisible. Voyez où l'on est amené par l'abus de langage et par ces beaux mots (spiritualité, immatérialité, etc.) utilisés au hasard et incompris même des plus brillants. [31]

Rien de plus facile que de prouver un système fondé, comme celui-ci, sur le sentiment intime et l'expérience personnelle de chaque individu. Si l'imagination, ou, disons, cette partie fantastique du cerveau dont la nature nous est aussi inconnue que sa manière d'agir, est naturellement petite ou faible, elle ne pourra guère comparer l'analogie ou l'analogie, ou la ressemblance de ses idées; elle ne pourra voir que ce qui sera vis-à-vis d'elle, ou ce qui l'affectera le plus vivement ; et encore de quelle manière! Mais toujours est-il vrai que l'imagination seule aperçoit; que c'est elle qui se représente tous les objets, avec les mots et les figures qui les caractérisent ; et qu'ainsi c'est elle encore une fois qui est l'âme, puisqu'elle en fait tous les rôles. Par elle, par son pinceau flatteur, le froid squelette de la raison prend des chaises vives et vermeilles ; par elle les sciences fleurissent, les arts s'embellissent, les bois parlent, les échos soupirent, les rochers pleurent, le marbre respire, tout prend vie parmi les corps inanimés. C'est elle encore qui ajoute à la tendresse d'un cœur amoureux l'attrait piquant de la volupté ; elle la fait germer | 37 | dans le cabinet du philosophe, et du pédant poudreux ; elle forme enfin les savants comme les orateurs et les poëtes . Sottement décriée par les uns, vainement distinguée par les autres, qui tous l'ont mal connu, elle ne marche pas seulement à la suite des Grâces et des beaux- arts , elle ne peint pas seulement la nature, elle peut aussi la mesurer. Elle raisonne, juge, pénètre, compare, approfondit. Pourrait-elle si bien sentir les beautés des tableaux qui lui sont tracés, sans en découvrir les rapports ? Non; comme elle ne peut se répondre sur les plaisirs des sens, sans en goûter toute la perfection ou la volupté, elle ne peut réfléchir sur

la ressemblance de ses idées , il ne pourra voir que ce qui lui fait face, ou ce qui l'affecte très fortement ; et comment verra-t-il tout cela ! Pourtant c'est toujours l'imagination qui aperçoit, et l'imagination qui se représente tous les objets avec leurs noms et symboles ; et ainsi, encore une fois, l'imagination est l'âme, puisqu'elle joue tous les rôles de l'âme. Par l'imagination, par son pinceau flatteur, le froid squelette de la raison prend chair vivante et vermeille, par l'imagination les sciences fleurissent, les arts se parent, le bois parle, les échos soupirent, les rochers pleurent, le marbre respire, et tout les objets inanimés gagnent la vie. C'est encore l'imagination qui ajoute le charme piquant de la volupté à la tendresse d'un cœur amoureux ; qui fait germer la tendresse dans l'étude du philosophe et du pédant poussiéreux, qui, en un mot, fait naître des savants aussi bien que des orateurs et des poètes. Bêtement décrié par les uns, vainement loué par les autres, et incompris par tous ; elle suit non seulement la suite des grâces et des beaux-arts, elle non seulement décrit, mais peut encore mesurer la nature. Il raisonne, juge, analyse, compare et enquête. Pouvait-il ressentir avec autant d'acuité la beauté des tableaux dessinés pour lui, à moins qu'il ne découvre leurs relations ? Non, de même qu'il ne peut tourner ses pensées sur les plaisirs des sens, sans jouir de leur perfection ou de leur volupté, de même il ne peut réfléchir ce qu'elle a mécaniquement conçu, sans être alors le jugement même.

Plus on exerce l'imagination, ou le plus maigre génie, plus il prend, pour ainsi dire, d'embonpoint; plus il s'agrandit, devient nerveux, robuste, vaste et capable de penser. La meilleure organisation a besoin de cet exercice.

L'organisation est le premier mérite de l'homme; c'est en vain que tous les auteurs de morale ne mettent point au rang des qualités estimables celles qu'on tient de la nature, mais seulement les talents qui s'acquièrent à force de réflexions et d'industrie : car d'où nous , je vous prie, l'habileté, la science et la vertu vient, si ce n'est d'une disposition qui nous rend propres à devenir habiles, savants et vertueux ? Et d'où nous vient encore cette disposition, si ce n'est de la nature ? Nous n'avons de qualités estimables que par elle; nous lui devons tout ce que nous sommes. Pourquoi donc n'estimerais-je pas autant ceux qui ont des qualités naturelles, que ceux qui brillent par des vertus acquises, et comme d'emprunt ? Quel que soit le mérite, de quelque endroit [38] qu'il naisse, il est digne d'estime; il ne s'agit que de savoir le mesurer. L'esprit, la beauté, les richesses, la noblesse, quoiqu'enfants du hasard, ont tous leur prix, comme l'adresse, le savoir, la vertu, etc. Ceux que la nature a comblés de ses dons les plus précieux, doivent plaindre ceux à qui ils ont été refusés; mais ils peuvent sentir leur supériorité sans orgueil, et en connaisseurs. Une belle femme

sur ce qu'il a machinalement conçu, sans être ainsi lui-même jugement.

Plus l'imagination ou le talent le plus pauvre s'exerce, plus il gagne en *embonpoint* , pour ainsi dire, et plus il grandit. Il devient sensible, robuste, large et capable de penser. Le meilleur des organismes a besoin de cet exercice.

L'avantage primordial de l'homme est son organisme. [32] En vain tous les auteurs de livres de morale méconnaissent-ils de considérer comme dignes d'éloges les qualités qui viennent de la nature, n'estimant que les talents acquis à force de réflexion et d'industrie. Car d'où viennent, je le demande, l'habileté, le savoir et la vertu, sinon d'une disposition qui nous rend aptes à devenir habiles , sages et vertueux ? Et d'où vient encore cette disposition, sinon de la nature ? Ce n'est que par la nature que nous possédons de bonnes qualités ; c'est à elle que nous devons tout ce que nous sommes. Pourquoi alors n'estimerais-je pas autant les hommes qui ont de bonnes qualités naturelles que ceux qui brillent par des vertus acquises et comme empruntées ? Quelle que soit la vertu, de quelque source qu'elle vienne, elle est digne d'estime ; la seule question est de savoir comment l'estimer. L'esprit, la beauté, la richesse, la noblesse, bien que issus du hasard, ont tous leur propre valeur, tout comme l'habileté, le savoir et la vertu. Ceux à qui la nature a comblé ses dons les plus coûteux devraient plaindre ceux serait aussi ridicule de se trouver laide, qu'un homme d'esprit de se croire un sot. Une modestie outrée (défaut rare à la vérité) est une sorte d'ingratitude envers la nature. Une honnête fierté, au contraire, est la marque d'une âme belle et grande, qui décèle des traits mâles moulés comme par le sentiment.

Si l'organisation est un mérite, et le premier mérite, et la source de tous les autres, l'instruction est le second. Le cerveau le mieux construit, sans elle, le serait en pure perte ; comme sans l'usage du monde, l'homme le mieux fait ne serait qu'un paysan grossier. Mais aussi quel serait le fruit de la plus excellente école, sans une matrice parfaitement ouverte à l'entrée ou à la conception des idées ? Il est aussi impossible de donner une seule idée à un homme privé de tous les sens, que de faire un enfant à une femme à laquelle la nature aurait poussé la distraction jusqu'à oublier de faire une vulve, comme je l'ai vu dans une, qui n'avait ni fente, ni vagin, ni matrice, et qui pour cette raison fut démariée après dix ans de mariage.

Mais si le cerveau est à la fois bien organisé et bien instruit, c'est une terre féconde parfaitement ensemencée, qui produit le centuple de ce qu'elle a reçu : ou (pour quitter le style figuré souvent nécessaire, [39] pour mieux exprimer ce qu'on a envoyé et donner des grâces à la

à qui ces dons ont été refusés ; mais, en leur qualité d'experts, ils peuvent sentir leur supériorité sans orgueil. Une belle femme serait aussi stupide de se croire laide, qu'un homme intelligent de se croire idiot. Une pudeur exagérée (un défaut rare, certes) est une sorte d'ingratitude envers la nature. Une fierté honnête, au contraire, est la marque d'une âme forte et belle, révélée par des traits virils façonnés par le sentiment.

Si l'organisme est un avantage, et l'avantage prééminent, et la source de tous les autres, l'éducation est le deuxième. Le cerveau le mieux constitué serait une perte totale sans lui, tout comme l'homme le mieux constitué ne serait qu'un simple paysan, sans connaissance des mœurs du monde. Mais, d'un autre côté, à quoi servirait la plus excellente école, sans une matrice parfaitement ouverte à l'entrée et à la conception des idées ? Il est... impossible de transmettre une seule idée à un homme privé de tous ses sens...

Mais si le cerveau est à la fois bien organisé et bien éduqué, c'est un terrain fertile, bien semé, qui produit au centuple ce qu'il a reçu : ou (pour laisser les figures de style souvent nécessaires pour exprimer ce qu'on veut dire, et pour ajouter de la grâce à la vérité elle-même, l'imagination,

Vérité même), l'imagination élevée par l'art à la belle et rare dignité de génie, saisiet exactement tous les rapports des idées qu'elle a conçu, embrasser avec facilité une foule étonnante d'objets, pour en tirer enfin une longue chaîne de conséquences, lesquelles ne sont encore que de nouveaux rapports, enfantsés par la comparaison des premiers, qui font que l'âme trouve une parfaite ressemblance. Telle est, selon moi, la génération de l'esprit. Je dis *trouve* , comme j'ai donné ci-devant l'épithète *d'apparente* à la similitude des objets : non que je pense que nos sens soient toujours trompeurs, comme l'a prétendu le Père Malebranche, ou que nos yeux naturellement un. peu ivres ne voient pas les objets tels qu'ils sont en eux mêmes , quoique les microscopes nous le prouvent tous les jours, mais pour n'avoir aucune dispute avec les Pyrrhoniens, parmi lesquels Bayle s'est distingué.

Je dis de la vérité en général ce que M. de Fontenelle dit de certaines en particulier, qu'il faut la sacrifier aux agréments de la société. Il est de la douceur de mon caractère d'obvier à toute dispute, lorsqu'il ne s'agit pas d'aiguiser la conversation. Les Cartésiens viendront ici vainement à la charge avec leurs *idées innées* ; je ne me donnerais certainement pas le quart de la peine qu'a prise Mr. Locke pour attaquer de telles chimères. Quelle utilité, en effet, de faire un gros livre, pour prouver une

élevée par l'art à la rare et belle dignité du génie, saisit exactement tous les rapports des idées qu'elle a conçues, et embrasse facilement un nombre étonnant d'objets, pour en déduire c'est une longue chaîne de conséquences, qui ne sont encore que des rapports nouveaux, produits par une comparaison avec les premiers, auxquels l'âme trouve une parfaite ressemblance. Telle est, je pense, la génération de l'intelligence. [33] Je dis « trouvailles » comme j'ai déjà donné l'épithète « apparente » à la ressemblance des objets, non pas parce que je pense que nos sens sont toujours trompeurs, comme l'a prétendu le Père Malebranche, ou que nos yeux, naturellement un peu instables, ne parviennent pas à comprendre. voir les objets tels qu'ils sont en eux-mêmes, (bien que les microscopes nous le prouvent tous les jours), mais pour éviter toute dispute avec les Pyrrhoniens [34] –parmi lesquels Bayle [35] est bien connu.

Je dis de la vérité en général ce que M. de Fontenelle dit de certaines vérités en particulier, qu'il faut la sacrifier pour rester en bons termes avec la société. Et cela s'accorde avec la douceur de mon caractère, d'éviter toutes disputes, sauf pour exciter la conversation. Les cartésiens auraient ici beau s'attaquer à moi avec leurs idées innées. Je ne me donnerais certainement pas le quart de la peine que s'est donnée M. Locke pour attaquer de telles chimères. En vérité, à quoi sert d'écrire un gros volume pour doctrine qui était établie en axiome il ya trois mille ans ?

Suivant les principes que nous avons posés, et que nous croyons vrais, celui qui a le plus d'imagination | 40 | doit être regardé comme ayant le plus d'esprit, ou de génie, car tous ces mots sont synonymes ; et encore une fois c'est par un abus honteux qu'on croit dire des choses différentes, lorsqu'on ne dit que différents mots ou différents fils, n'a attaché aucune idée ou distinction réelle.

La plus belle, la plus grande, ou la plus forte imagination, est donc la plus propre aux sciences, comme aux arts. Je ne décide point s'il faut plus d'esprit pour exceller dans l'art des Aristotes , ou des Descartes, que dans celui des Euripide ou des Sophocle ; et si la nature s'est mise en plus grands frais pour faire Newton que pour former Corneille (ce dont je doute fort), mais il est certain que c'est la seule imagination diversement appliquée qui a fait leur différent triomphe et leur gloire immortelle .

Si quelqu'un passe pour avoir peu de jugement, avec beaucoup d'imagination; cela veut dire que l'imagination trop abandonnée à elle même , presque toujours comme occupée à se regarder dans le miroir de ses sensations, n'a pas assez contracté l'habitude des examinateurs elles-mêmes avec attention; plus profondément

prouver une doctrine devenue un axiome il y a trois mille ans ?

D'après les principes que nous avons posés et que nous considérons comme vrais ; celui qui a le plus d'imagination doit être considéré comme ayant le plus d'intelligence ou de génie, car tous ces mots sont synonymes ; et encore, ce n'est que par un abus honteux que nous pensons dire des choses différentes, alors que nous employons simplement des mots différents, des sons différents, auxquels aucune idée ou distinction réelle n'est attachée.

L'imagination la plus fine, la plus grande ou la plus forte est donc celle qui convient le mieux aux sciences comme aux arts. Je ne prétends pas dire s'il faut plus d'intelligence pour exceller dans l'art d'Aristote ou de Descartes que pour exceller dans celui d'Euripide ou de Sophocle, et si la nature a pris plus de peine à faire Newton qu'à faire Corneille, bien que j'en doute. ce. Mais il est certain que l'imagination seule, différemment appliquée, a produit leurs divers triomphes et leur gloire immortelle.

Si l'on est connu pour avoir peu de jugement et beaucoup d'imagination, cela veut dire que l'imagination a été trop laissée à elle-même, a pour ainsi dire occupé la plupart du temps à se regarder dans le miroir de ses sensations, n'a pas suffisamment formé l'habitude d'examiner attentivement les sensations elles-mêmes. [Cela veut pénétrée des traces, ou des images, que de leur vérité ou de leur ressemblance.

Il est vrai que telle est la vivacité des ressorts de l'imagination, que si l'attention, cette clé ou mère des sciences, ne s'en mêle, il ne lui est guère permis que de parcourir et d'effleurer les objets.

Voyez cet oiseau sur la branche, il semble toujours prêt à s'envoler; l'imagination est de même. Toujours emportée par le tourbillon du sang et des esprits, une onde fait une trace, effacée par celle qui suit ; l'âme court après, souvent en vain : il faut | | | qu'elle s'attende à regretter ce qu'elle n'a pas assez vite saisie et fixée : et c'est ainsi que l'imagination, véritable image du temps, se détruit et se renouvelle sans cesse.

Tel est le chaos et la succession continue et rapide de nos idées ; elles se chassent, comme un flot pousse l'autre; de sorte que si l'imagination n'emploie, pour ainsi dire, une partie de ses muscles pour être comme en équilibre sur les cordes du cerveau, pour se soutenir quelque temps sur un objet qui va fuir et s'empêcher de tomber sur un autre, qu'il n'est pas encore temps de contempler, jamais elle ne sera digne du beau nom de jugement. Elle exprimera vivement ce qu'elle aura senti de même ; elle forma des orateurs, des musiciens, des peintres, des poètes, et jamais un seul philosophe. Au contraire si, dès l'enfance, on accoutume l'imagination à se brider elle-même,

dire que l'imagination] a été plus impressionnée par les images que par leur vérité ou leur ressemblance.

En vérité, les réponses de l'imagination sont si rapides que si l'attention, cette clé ou mère des sciences, ne joue pas son rôle, l'imagination ne peut guère faire plus que parcourir et effleurer ses objets.

Voyez cet oiseau sur la branche : il semble toujours prêt à s'envoler. L'imagination est comme l'oiseau, toujours emportée par le tumulte du sang et des esprits animaux. Une vague laisse une marque, effacée par celle qui suit ; l'âme le poursuit, souvent en vain : elle doit s'attendre à regretter la perte de ce qu'elle n'a pas assez vite saisi et fixé. Ainsi, l'imagination, véritable image du temps, est sans cesse détruite et renouvelée.

Tel est le chaos et la succession rapide et continue de nos idées : elles s'éloignent les unes les autres alors même qu'une vague cède la place à une autre. Donc, si l'imagination n'utilise pas en quelque sorte un ensemble de ses muscles pour maintenir une sorte d'équilibre avec les fibres du cerveau, pour maintenir pendant un certain temps son attention sur un objet qui est sur le point de disparaître, et pour s'empêcher de contempler prématurément un autre objet — [à moins que l'imagination ne fasse tout cela], elle ne sera jamais digne du beau nom de jugement. Elle exprimera de la même manière avec vivacité ce qu'elle a perçu : elle créera à ne point se laisser emporter à sa propre impétuosité, qui ne fait que de brillants enthousiastes, à arrêter, contenir ses idées, à les retourner dans tous les sens, pour voir toutes les faces d'un objet, alors l'imagination invite à juger embrassera par le raisonnement la plus grande sphère d'objets, et sa vivacité, toujours de si bon augure dans les enfants, et qu' il ne s'agit que de régler par l'étude et l'exercice, ne sera plus qu'une pénétration clairvoyante, sans laquelle on fait peu de progrès dans les sciences.

Tels sont les simples fondements sur lesquels a été bati l'édifice de la logique. La nature les avait jetés pour tout le genre humain ; mais les uns en ont profité, les autres en ont abusé.

Malgré toutes ces prérogatives de l'homme sur les animaux, c'est lui faire honneur que du ranger [42] dans la même classe. Il est vrai que, jusqu'à un certain âge, il est plus animal qu'eux, parce qu'il apporte moins d'instinct en naissant.

Quel est l'animal qui mourrait de faim au milieu d'une rivière de lait ? L'homme seul. Semblable à ce vieux enfant dont un moderne parle d'après Arnobé, il ne connaît ni les aliments qui lui sont propres, ni l'eau qui peut le noyer, ni le feu qui peut

des orateurs, des musiciens, des peintres, des poètes, mais jamais un seul philosophe. Au contraire, si l'imagination est entraînée dès l'enfance à se retenir et à ne pas se laisser emporter par sa propre impétuosité, impétuosité qui ne crée que de brillants enthousiastes, et à contrôler, à brider ses idées, à les examiner dans toutes leurs aspects afin de voir tous les côtés d'un objet, alors l'imagination, prête à juger, comprendra la plus grande sphère possible d'objets, par le raisonnement ; et sa vivacité (toujours si bon signe chez les enfants, et qui n'a besoin d'être réglée que par l'étude et l'éducation) ne sera qu'une vision à long terme sans laquelle peu de progrès peuvent être faits dans les sciences.

Telles sont les bases simples sur lesquelles s'est construit l'édifice de la logique. La nature a construit ces fondations pour l'ensemble du genre humain, mais certains en ont profité, tandis que d'autres en ont abusé.

Malgré tous ces avantages de l'homme sur les animaux, c'est un honneur pour lui de le ranger dans la même classe. Car en effet, jusqu'à un certain âge, il est plus animal qu'eux, puisqu'à la naissance il a moins d'instinct. Quel animal mourrait de faim au milieu d'une rivière de lait ? L'homme seul. Comme cet enfant des temps anciens auquel se réfère un écrivain moderne, à la suite d'Arnobe [36], il ne connaît ni les aliments qui lui conviennent, ni l'eau qui peut le noyer, ni le feu qui peut le réduire en cendres. Allumez pour le réduire en poudre. Faites briller pour la première fois la lumière d'une bougie aux yeux d'un enfant, il y portera machinalement le doigt, comme pour savoir quel est le nouveau phénomène qu'il aperçoit ; c'est à ses dépens qu'il en connaîtra le danger, mais il n'y sera pas représailles.

Commencez-le encore avec un animal sur le bord d'un précipice ! lui seul y tombera; il se noie, où l'autre se sauve à la nage. A quatorze ou quinze ans, il entrevoit à peine les grands plaisirs qui l'attendent dans la reproduction de son espèce ; déjà adolescent, il ne sait pas trop comment s'y prendre dans un jeu que la nature apprend si vite aux animaux : il se cache, comme s'il était honteux d'avoir du plaisir et d'être fait pour être heureux, tandis que les animaux se font gloire d'être *cyniques* . Sans éducation, ils sont sans préjugés. Mais voyons encore ce chien et cet enfant qui ont tous deux perdu leur maître dans un grand chemin : l'enfant pleure, il ne sait à quel saint se vouer ; le chien, mieux servi par son odorat que l'autre par sa raison, l'aura bientôt trouvée.

La nature nous avait donc fait pour être au dessous des animaux, ou du moins pour faire par là même mieux éclater les prodiges de l'éducation, qui seule nous tire du niveau et nous élève enfin au-dessus d'eux. Mais accordera-t-on la même distinction aux sourds, aux aveugles-nés, aux imbéciles, aux fous, aux hommes sauvages, ou qui ont été élevés dans les bois avec les bêtes, à

la première fois une bougie de cire sous les yeux d'un enfant, et il mettra machinalement ses doigts dans la flamme comme pour découvrir quelle est la nouveauté qu'il voit. C'est à ses dépens qu'il apprendra le danger, mais il ne se fera plus rattraper. Ou encore, mettez l'enfant avec un animal sur un précipice, l'enfant seul tombe ; il se noie là où l'animal se sauverait en nageant. A quatorze ou quinze ans, l'enfant ne connaît presque rien des grands plaisirs que lui réserve la reproduction de son espèce ; quand il est jeune, il ne sait pas exactement comment se comporter dans un jeu que la nature enseigne si vite aux animaux. Il se cache comme s'il avait honte de prendre du plaisir et d'avoir été fait pour être heureux, tandis que les animaux se glorifient franchement d'être cyniques. Sans éducation, ils sont sans préjugés. Pour encore un exemple, observons un chien et un enfant qui ont perdu leur maître sur une autoroute : l'enfant pleure et ne sait quel saint prier, tandis que le chien, mieux aidé par son odorat que l'enfant par sa raison, retrouve bientôt son maître.

Ainsi la nature nous a fait être inférieurs aux animaux, ou du moins nous faire montrer d'autant plus, à cause de cette infériorité native, la merveilleuse efficacité de l'éducation qui seule nous élève du niveau des animaux et nous élève au-dessus d'eux . Mais accorderons-nous cette même distinction aux sourds et aux aveugles, aux imbéciles, aux fous ou aux sauvages, ou à ceux qui ont été ceux dont l'affection hypocondriaque à perdu l'imagination, enfin à toutes ces bêtes à figure humaine, qui ne montre que l'instinct le plus grossier ? Non, tous ces hommes de corps et non d'esprit, ne méritent pas une classe particulière.

Nous n'avons pas dessein de nous dissimuler les objections qu'on peut faire en faveur de la distinction primitive de l'homme et des animaux, contre notre sentiment. Il ya, dit-on, dans l'homme une loi naturelle, une connaissance du bien et du mal, qui n'a pas été gravée dans le cœur des animaux.

Mais cette objection, ou plutôt cette assertion est-elle fondée sur l'expérience, sans laquelle un philosophe peut tout rejeter ? En avons-nous quelqu'un qui nous convainque que l'homme seul a été éclairé d'un rayon refusé à tous les autres animaux? S'il n'y en a point, nous ne pouvons pas plus connaître par elle ce qui se passe dans eux, et même dans les hommes, que ne pas sentir ce qui affecte l'intérieur de notre être. Nous savons que nous pensons et que nous avons des remords : un sentiment intime ne nous force que trop d'en convenir ; mais pour juger des remords d'autrui, ce sentiment qui est dans nous est insuffisant : c'est pourquoi il en faut croire les autres hommes sur leur parole, ou sur les signes sensibles et extérieurs que nous avons remarqués en nous-mêmes,

élevés dans les bois avec des animaux ; à ceux qui ont perdu l'imagination à cause de la mélancolie, ou enfin à tous ces animaux à forme humaine qui ne témoignent que de l'instinct le plus grossier ? Non, tous ces hommes de corps mais non d'esprit, ne méritent pas d'être classés à part.

Nous n'entendons pas nous cacher les arguments qui peuvent être avancés contre notre croyance et en faveur d'une distinction primitive entre hommes et animaux. Certains disent qu'il y a chez l'homme une loi naturelle, une connaissance du bien et du mal, qui n'a jamais été imprimée dans le cœur des animaux.

Mais cette objection, ou plutôt cette affirmation, est-elle fondée sur l'observation ? Toute affirmation non fondée sur l'observation peut être rejetée par un philosophe. Avons-nous jamais eu une seule expérience qui nous convainque que seul l'homme a été éclairé par un rayon refusé à tous les autres animaux ? Sans une telle expérience, nous ne pouvons pas plus savoir ce qui se passe dans l'esprit des animaux ou même dans l'esprit des autres hommes, pas plus que nous ne pouvons empêcher de ressentir ce qui affecte la partie intérieure de notre propre être. Nous savons que nous pensons et que nous éprouvons des remords : un sentiment intime ne nous force que trop à le reconnaître ; mais ce sentiment en nous est insuffisant pour nous permettre de juger des remords des autres. C'est pourquoi lorsque nous éprouvions la même conscience et les mêmes tourments.

Mais pour décider si les animaux qui ne parlent point ont reçu la loi naturelle, il faut s'en rapporter par conséquent à ces signes dont je viens de parler, supposé qu'ils existent. Les faits semblent le prouver. Le chien qui a mordu son maître qui l'agaçait, à paru s'en repentir le moment suivant ; on l'a vu triste, fâché, n'osant se montrer, et s'avouer coupable par un air rampant et humilié. L'histoire nous offre un exemple célèbre d'un lion qui n'a voulu pas déchirer un homme abandonné à sa fureur, parce qu'il le reconnut pour son bienfaiteur. Qu'il serait à souhaiter que l'homme même montrât toujours la même reconnaissance pour les bienfaits et le même respect pour l'humanité ! On n'aurait plus à craindre les ingrats, ni ces guerres qui sont le fléau du genre humain et les vrais bourreaux de la loi naturelle.

Mais un être à qui la nature a donné un instinct si précoce, si éclairé, qui juge, combine, raisonne et délibère, autant que s'étend et le lui permet la sphère de son activité; un être qui s'attache par les bienfaits, qui se détache par les mauvais traitements et va essayer un meilleur maître; un être d'une structure semblable à la nôtre, qui fait les mêmes opérations, qui a les mêmes passions, les mêmes

nous devons prendre les autres au mot, ou les juger sur les signes sensibles et extérieurs que nous avons remarqués en nous-mêmes lorsque nous avons éprouvé les mêmes accusations de conscience et les mêmes tourments.

Pour décider si les animaux qui ne parlent pas ont reçu la loi naturelle, il faut donc avoir recours aux signes dont je viens de parler, s'il en existe. Les faits semblent le prouver. Un chien qui mordait le maître qui le taquinait, parut se repentir une minute après ; il avait l'air triste, honteux, craignant de se montrer, et semblait avouer sa culpabilité d'un air accroupi et abattu. L'histoire nous offre un exemple célèbre d'un lion qui ne dévorait pas un homme abandonné à sa fureur, parce qu'il le reconnaissait pour son bienfaiteur. Combien souhaiterait-on que l'homme lui-même montre toujours la même gratitude pour les bontés et le même respect pour l'humanité ! Alors il ne faudra plus craindre ni les misérables ingrats, ni les guerres qui sont le fléau du genre humain et les véritables bourreaux de la loi naturelle.

Mais un être auquel la nature a donné un instinct si précoce et si éclairé, qui juge, combine, raisonne et délibère autant que la sphère de son activité s'étend et le permet, un être qui s'attache à cause des bienfaits reçus, et qui laisse un maître qui le maltraite va en chercher un meilleur, un être avec une structure comme la nôtre, qui accomplit les mêmes actes, a les douleurs, les mêmes plaisirs, plus ou moins vifs suivant l'empire de l'imagination et la délicatesse des nerfs ; un tel être enfin ne montre-t-il pas clairement qu'il a envoyé ses torts et les nôtres, qu'il connait le bien et le mal et, en un mot, une conscience de ce qu'il fait ? Son âme qui marque comme la nôtre les mêmes joies, les mêmes mortifications, les mêmes déconcertements, serait-elle sans aucune répugnance à la vue de son semblable déchiré, ou après l'avoir lui-même impitoyablement mis en pièces ? Cela posé, le don précieux dont il s'agit n'aurait point été [45] refusé aux animaux; car puisqu'ils nous offrent des signes évidents de leur repentir, comme de leur intelligence, qu'y at-il d'absurde à penser que des êtres, des machines presque aussi parfaites que nous, soient, comme nous, faites pour penser et pour sentir la nature ?

Qu'on ne m'objecte point que les animaux sont pour la plupart des êtres féroces, qui ne sont pas capables de ressentir les maux qu'ils font; car tous les hommes distinguent-ils mieux les vices et les vertus ? Il est dans notre espèce de la férocité, comme dans la leur. Les hommes qui sont dans la barbare habitude d'enfreindre la loi naturelle, n'en sont pas si tourmentés que ceux qui la transgressent pour la première fois, et que la force de l'exemple n'a point endurcis. Il en est de même

mêmes passions, les mêmes chagrins, les mêmes plaisirs, plus ou moins intenses selon l'emprise de l'imagination et la délicatesse de l'organisation nerveuse : un tel être ne montre-t-il pas clairement qu'il connaît ses défauts et les nôtres, qu'il comprend le bien et le mal, qu'en un mot il a conscience de ce qu'il fait ? Son âme, qui éprouve les mêmes joies, les mêmes mortifications et les mêmes déconvenues que nous, resterait-elle absolument insensible au dégoût lorsqu'elle verrait un semblable mis en pièces, ou lorsqu'elle aurait elle-même impitoyablement démembré ce semblable ? Si cela est admis, il s'ensuit que le précieux don en question n'aurait pas été refusé aux animaux : car puisqu'ils nous montrent des signes sûrs de repentance, ainsi que d'intelligence, qu'y a-t-il d'absurde à penser que des êtres, presque aussi parfaits les machines comme nous-mêmes, sont-elles, comme nous, faites pour comprendre et ressentir la nature ?

Que personne ne objecte que les animaux, pour la plupart, sont des bêtes sauvages, incapables de se rendre compte du mal qu'ils font ; car tous les hommes font-ils mieux la distinction entre le vice et la vertu ? Il y a de la férocité chez notre espèce comme chez la leur. Les hommes qui ont l'habitude barbare d'enfreindre la loi naturelle n'en sont pas autant tourmentés que ceux qui la transgressent pour la première fois, et qui n'ont pas été endurcis par la force de l'habitude. La même des animaux, comme des hommes. Les uns et les autres peuvent être plus ou moins féroces par tempérament, et ils le deviennent encore plus avec ceux qui le sont. Mais un animal doux, pacifique, qui vit avec d'autres animaux semblables, et d'aliments doux, sera ennemi du sang et du carnage, il rougira intérieurement de l'avoir versé ; avec cette différence peut-être que, comme chez eux tout est immolé aux besoins, aux plaisirs et aux commodités de la vie, dont ils jouissent plus que nous, leurs remords ne semblent pas devoir être si vifs que les nôtres, parce que nous ne sommes pas dans la même nécessité qu'eux. La coutume émousse et peut-être étouffe les remords, comme les plaisirs.

Mais je veux pour un moment supposer que je me trompe, et qu'il n'est pas juste que presque tout l'univers ait tort à ce sujet, tandis que j'aurais seule raison; j'accorde que les animaux, même les plus [46] excellents, ne connaissent pas la distinction du bien et du mal moral, qu'ils n'ont aucune mémoire des attentions qu'on a eues pour eux, du bien qu'on leur a fait, aucun sentiment de leurs propres vertus; que ce lion, par exemple, dont j'ai parlé après tant d'autres, ne se souvienne pas de n'avoir pas voulu ravir la vie à cet homme qui fut livré à sa furie, dans un spectacle plus inhumain que tous les lions , les

chose est vraie pour les animaux comme pour les hommes : tous deux peuvent avoir un tempérament plus ou moins féroce, et tous deux le deviennent davantage en vivant avec d'autres comme eux. Mais un animal doux et paisible qui vit parmi d'autres animaux de même disposition et de douce éducation sera un ennemi du sang et du carnage ; il rougira intérieurement d'avoir versé le sang. Il y a peut-être cette différence, que puisque chez les animaux tout est sacrifié à leurs besoins, à leurs plaisirs, aux nécessités de la vie, dont ils jouissent plus que nous, leurs remords ne devraient apparemment pas être aussi vifs que les nôtres, parce que nous ne sommes pas en mesure de le faire. le même état de nécessité qu'eux. L'habitude peut-être engourdit et peut-être étouffe les remords aussi bien que les plaisirs.

Mais je supposerai un instant que je me trompe complètement en concluant que presque tout le monde a une opinion erronée sur ce sujet, alors que moi seul ai raison. J'admets que les animaux, même les meilleurs d'entre eux, ne connaissent pas la différence entre le bien et le mal moral, qu'ils n'ont aucun souvenir des soins qu'on leur a donnés, des bontés qui leur ont été faites, aucune conscience de leurs propres vertus. [Je supposerai], par exemple, que ce lion, auquel j'ai fait allusion, comme tant d'autres, ne se souvient pas du tout qu'il a refusé de tuer l'homme, abandonné à sa fureur, dans un combat plus tigres et les ours; tandis que nos compatriotes se battent, Suisses contre Suisses, frères contre frères, se fournissent, s'enchaînent, ou se tuent sans remords, parce qu'un prince paie leurs meurtres : je suppose enfin que la loi naturelle n'ait pas été donnée aux animaux, quelles en seront les conséquences ? L'homme n'est pas pétri d'un limon plus précieux; la nature n'a employé qu'une seule et même pâte, dont elle a seulement varié les levains. Si donc l'animal ne se repent pas d'avoir violé le sentiment intérieur dont je parle, ou plutôt s'il en est absolument privé, il faut impérativement que l'homme soit dans le même cas : ajoutant quoi adieu à la loi naturelle et tous ces beaux traités qu'on a publiés sur elle! Tout le règne animal en serait généralement dépourvû . Mais réciproquement si l'homme ne peut se dispenser de convenir qu'il distingue toujours, lorsque la santé le laisse jouïr de lui-même, ceux qui ont de la probité, de l'humanité, de la vertu, de ceux qui ne sont ni humains, ni vertueux, ni honnêtes gens; qu'il est facile de distinguer ce qui est vice, ou vertu, par l'unique plaisir ou la propre répugnance qui en sont comme les effets naturels, il s'ensuit que les animaux formés de la même matière, à laquelle il n' a peut-être manqué qu'un degré de fermentation pour égaler les [47] hommes en tout, doivent participer aux mêmes prérogatives de l'animalité, et qu'ainsi il n'est point d'âme, ou de substance sensible,

inhumain qu'un seul. pourrait trouver parmi les lions, les tigres et les ours, réunis. Car nos compatriotes se battent, Suisse contre Suisse, frère contre frère, se reconnaissent, et pourtant se capturent et s'entretuent sans remords, car un prince paie le meurtre. Je suppose en somme que la loi naturelle n'a pas été donnée aux animaux. Quelles seront les conséquences de cette supposition ? L'homme n'est pas façonné à partir d'une argile plus coûteuse ; la nature n'a utilisé qu'une seule pâte et n'a fait que varier le levain. Donc si les animaux ne se repentent pas d'avoir violé ce sentiment intime dont je parle, ou plutôt s'ils en manquent absolument, l'homme doit nécessairement être dans le même état. Adieu donc la loi naturelle et tous les beaux traités publiés sur elle ! L'ensemble du règne animal en général en serait privé. Mais, inversement, si l'homme ne peut se dispenser de croire que lorsque la santé lui permet d'être lui-même, il distingue toujours les hommes droits, humains et vertueux de ceux qui ne le sont pas, ni vertueux, ni honorables : alors il est facile de dire vice de la vertu, par le plaisir unique et la répugnance particulière qui semblent être leurs effets naturels, il s'ensuit que les animaux, composés de la même matière, à qui ne manque peut-être qu'un seul degré de fermentation pour la rendre exactement semblable à celle de l'homme, doivent partager les mêmes prérogatives. de nature animale, et qu'ainsi il n'existe pas sans des souvenirs. La réflexion suivante va fortifier celles-ci.

On ne peut détruire la loi naturelle. L'empreinte en est si forte dans tous les animaux, que je ne doute nullement que les plus sauvages et les plus féroces n'étaient quelques instants de repentir. Je crois que la fille sauvage de Châlons en Champagne aura porté la peine de son crime, s'il est vrai qu'elle avait mangé sa sœur. Je pense la même chose de tous ceux qui commettent des crimes, mêmes involontaires, ou de tempérament : de Gaston d'Orléans qui ne pouvait s'empêcher de voler ; de certaine femme qui fut sujette au même vice dans la grossesse, et dont ses enfants héritèrent; de celle qui dans le même état, mangea son mari; de cette autre qui égorgeait les enfants, salait leurs corps, et en mangeait tous les jours comme du petit salé ; de cette fille d'anthropophage, qui la devient à 12 ans, quoiqu'ayant perdu père et mère à l'âge d'un an elle eût été élevée par d'honnêtes gens, pour ne rien dire de tant d'autres exemples dont nos observateurs sont remplis, et qui prouvent tous qu'il est mille vices et vertus héréditaires, qui passent des parents aux enfants, comme ceux de la nourrice à ceux qu'elle allaite. Je dis donc et j'accorde que ces malheureux ne sentent pas pour la plupart sur le champ l'énormité de leur action. La *boulimie*, par exemple, ou la faim canine, peut éteindre tout sentiment ; c'est une manie

d'âme ni de substance sensible sans remords. [37] Les considérations suivantes renforceront ces observations.

Il est impossible de détruire la loi naturelle. L'impression qu'elle porte sur tous les animaux est si forte, que je ne doute pas que les plus sauvages aient quelques instants de repentir. Je crois que cette cruelle fille de Châlons en Champagne a dû regretter son crime, si elle a réellement mangé sa sœur. Je pense que la même chose est vraie de tous ceux qui commettent des crimes, même involontaires ou capricieux : vrai de Gaston d'Orléans qui ne pouvait s'empêcher de voler ; d'une certaine femme qui fut victime du même crime lorsqu'elle était enceinte, et dont les enfants en héritèrent ; de la femme qui, dans le même état, a mangé son mari ; de cette autre femme qui tuait ses enfants, salait leurs corps et en mangeait un morceau chaque jour, comme un petit goût ; de cette fille de voleur et de cannibale qui, à douze ans, suivit ses traces, bien qu'elle fût devenue orpheline à l'âge d'un an et élevée par d'honnêtes gens ; sans parler de bien d'autres exemples dont les archives de nos observateurs sont riches, tous prouvant qu'il y a mille vices et vertus héréditaires qui se transmettent des parents aux enfants, comme ceux de la mère nourricière passent aux enfants qu'elle allaite. Or, je crois et j'avoue que ces misérables ne sentent pas pour la plupart sur le moment d'estomac qu'on est forcé de satisfaire. Mais revenus à elles-mêmes, et comme désenivrées, quels remords pour ces femmes qui se rappellent le meurtre qu'elles ont | 48 | commis dans ce qu'elles avaient de plus cher ! quelle punition d'un mal involontaire, auquel elles n'ont pu résister, dont elles n'ont eu aucune conscience ! Cependant ce n'est pas assez apparemment pour les juges. Parmi les femmes dont je parle, l'une fut rouée, et brûlée, l'autre enterrée vive. Je sens tout ce qui exige l'intérêt de la société. Mais il serait sans doute à souhaiter qu'il n'y eût pour juges que d'excellents médecins. Eux seuls pourraient distinguer le criminel innocent, du coupable. Si la raison est esclave d'un sens dépravé, ou en fureur, comment peut-elle le gouverner ?

Mais si le crime porte avec soi sa propre punition plus ou moins cruelle ; si la plus longue et la plus barbare habitude ne peut tout-à-fait arracher le repentir des cœurs les plus inhumains ; s'ils sont déchirés par la mémoire même de leurs actions; pour quoi effrayer l'imagination des esprits faibles par un enfer, par des spectres, et des précipices de feu, moins réels encore que ceux de Pascal 6 ? Qu'est-il besoin d'utiliser à des fables, comme un pape de bonne foi l'a dit lui-même, pour tourmenter les

l'énormité de leurs actes. La boulimie, ou la faim canine, par exemple, peuvent étouffer toute émotion ; c'est une manie d'estomac qu'il faut assouvir, mais quels remords doivent réserver à ces femmes, quand elles reviennent à elles-mêmes, deviennent sobres et se souviennent des crimes qu'elles ont commis contre ceux qui leur étaient les plus chers ! Quelle punition pour un crime involontaire auquel ils n'ont pu résister, dont ils n'avaient aucune conscience ! Mais cela ne suffit apparemment pas aux juges. Car parmi ces femmes dont je parle, l'une fut cruellement battue et brûlée, et une autre fut enterrée vivante. Je comprends tout ce qu'exige l'intérêt de la société. Mais il serait sans doute fort souhaitable que d'excellents médecins fussent les seuls juges. Eux seuls pouvaient distinguer le criminel innocent du coupable. Si la raison est l'esclave d'un désir dépravé ou fou, comment peut-elle contrôler ce désir ?

Mais si le crime entraîne avec lui son châtiment plus ou moins cruel, si l'habitude la plus persistante et la plus barbare ne peut effacer entièrement le repentir dans les cœurs les plus grossiers, si les criminels sont déchirés par le souvenir même de leurs actes, pourquoi devrions-nous effrayer les gens ? imagination des esprits faibles, par un enfer, par des spectres et par des précipices de feu encore moins réels que ceux de Pascal ? 6 Pourquoi faut-il recourir aux fables, comme le disait lui-même un malheureux mêmes qu'on fait périr, parce qu'on ne les trouve pas assez punis par leur propre conscience, qui est leur premier bourreau ? Ce n'est pas que je veuille dire que tous les criminels soient injustement punis ; je prétends seulement que ceux dont la volonté est dépravée, et la conscience éteinte, le sont assez par leurs remords, quand ils reviennent à eux-mêmes ; remords, j'ose encore le dire, dont la nature aurait dû en ce cas, ce me semble, délivrer des malheureux entraînés par une fatale nécessité.

Les criminels, les méchants, les ingrats, ceux enfin que ne sentent pas la nature, tyrans malheureux et indignes du jour, ont beau se faire un cruel plaisir de leur barbarie, il est des moments calmes et de réflexion, où la conscience se vengeresse. 'élève, dépose contre'eux , et les condamne à être presque sans cesse déchirés de ses propres mains. Qui tourmente les hommes, est tourmenté par lui- même ; et les maux qu'il sentira seront la juste mesure de ceux qu'il aura faits.

D'un autre côté, il y a tant de plaisir à faire du bien, à sentir, à reconnaître celui qu'on reçoit, tant de contentement à pratiquer la vertu, à être doux, humain, tendre, charitable, compatissant et généreux (ce seul mot renferme toutes les vertus), que je tiens pour assez punir quiconque a le malheur de n'être pas né vertueux.

honnête pape, pour tourmenter même les malheureux qui sont exécutés, parce que nous ne pensons pas qu'ils soient suffisamment punis par leur propre conscience, leur premier bourreau ? Je ne veux pas dire que tous les criminels sont injustement punis ; Je soutiens seulement que ceux dont la volonté est dépravée et dont la conscience est éteinte sont assez punis par leurs remords lorsqu'ils reviennent à eux-mêmes, remords, j'ose affirmer, dont la nature aurait dû dans ce cas délivrer les âmes malheureuses entraînées par une nécessité fatale.

Les criminels, les scélérats, les ingrats, ceux en somme sans sentiments naturels, les tyrans malheureux et indignes de la vie, prennent en vain un cruel plaisir à leur barbarie, car il y a des moments calmes de réflexion où la conscience vengeresse se lève, témoigne contre eux, et les condamne à être presque sans cesse mis en pièces par leurs propres mains. Celui qui tourmente les hommes est tourmenté par lui-même ; et les souffrances qu'il éprouvera seront la juste mesure de celles qu'il a infligées.

D'un autre côté, il y a tant de plaisir à faire le bien, à reconnaître et à apprécier ce qu'on reçoit, tant de satisfaction à pratiquer la vertu , à être doux, humain, bon, charitable, compatissant et généreux (car ce seul mot englobe tous les vertus), que je considère comme suffisamment puni quiconque a le malheur de ne pas être né vertueux.

Nous n'avons pas originairement été faits pour être savants; c'est peut-être par une espèce d'abus de nos facultés organiques, que nous sommes devenus ; et cela à la charge de l'Etat, qui nourrit une multitude de fainéants, que la vanité a décorée du nom de *philosophes* . La nature nous a tous créés uniquement pour être heureux; oui, tous, depuis le ver qui rampe, jusqu'à l'aigle qui se perd dans la nue. C'est pourquoi elle a donné à tous les animaux quelque portion de la loi naturelle, portion plus [50] ou moins exquise selon que le comportent les organes bien conditionnés de chaque animal.

A présent, comment définirons-nous la loi naturelle ? C'est un sentiment qui nous apprend ce que nous ne devons pas faire, parce que nous ne voudrions pas qu'on nous le fît. Oserais-je ajouter à cette idée commune, qu'il me semble que ce sentiment n'est qu'une espèce de crainte, ou de frayeur, aussi salutaire à l'espèce qu'à l' individu; car peut-être ne respectons-nous la bourse et la vie des autres, que pour nous conserver nos biens, notre honneur et nous-mêmes; semblables à ces *Ixions du Christianisme* qui n'aiment Dieu et n'embrassent tant de vertus chimériques, que parce qu'ils craignent l'enfer.

Vous voyez que la loi naturelle n'est qu'un sentiment intime, qui appartient encore à l'imagination, comme tous les autres, parmi lesquels on compte la pensée. Par conséquent elle ne suppose évidemment ni éducation, ni

Nous n'avons pas été faits à l'origine pour être instruits ; nous le sommes devenus peut-être par une sorte d'abus de nos facultés organiques, et aux dépens de l'État qui nourrit une foule de paresseux que la vanité a ornés du nom de philosophes. La nature nous a tous créés uniquement pour être heureux [38] — oui, nous tous, depuis le ver rampant jusqu'à l'aigle perdu dans les nuages . C'est pour cette raison qu'elle a donné à tous les animaux une part de la loi naturelle, une part plus ou moins grande selon les besoins des organes de chaque animal dans des conditions normales.

Maintenant, comment définirons-nous la loi naturelle ? C'est un sentiment qui nous enseigne ce que nous ne devons pas faire, car nous ne souhaiterions pas que cela nous soit fait. Dois-je oser ajouter à cette idée commune que ce sentiment ne me paraît qu'une sorte de peur ou d'effroi, aussi salutaire à la race qu'à l'individu ; car n'est-il pas vrai que nous respectons la bourse et la vie des autres uniquement pour sauver nos propres biens, notre honneur et nous-mêmes ; comme ces Ixions du christianisme [39] qui aiment Dieu et embrassent tant de vertus fantastiques, simplement parce qu'ils ont peur de l'enfer !

Vous voyez que la loi naturelle n'est qu'un sentiment intime qui, comme tous les autres sentiments (y compris la pensée), appartient aussi à l'imagination. Evidemment donc, le droit naturel ne présuppose ni éducation, ni révélation, ni révélation, ni règlementé, à moins qu'on ne veuille la confondre avec les lois civiles, à la manière ridicule des théologiens.

Les armes du fanatisme peuvent détruire ceux qui soutiennent ces vérités ; mais elles ne détruiront jamais ces vérités mêmes.

Ce n'est pas que je révoque en doute l'existence d'un Etre suprême ; il me semble au contraire que le plus grand degré de probabilité est pour elle : mais comme cette existence ne prouve pas plus la nécessité d'un culte, que toute autre, c'est une vérité théorique, qui n'est guère d'usage. dans la pratique : de sorte que, comme on peut dire , d'après tant d'expériences, que la religion ne suppose pas l'exacte probité, les mêmes raisons autorisent à penser que l'athéisme ne l'exclut pas .

Qui sait d'ailleurs si la raison de l'existence de l'homme ne serait pas dans son existence même ? Peut-être at-il été jeté au hasard sur un point de la surface de la terre, sans qu'on puisse savoir ni comment, ni pourquoi, mais seulement qu'il doit vivre et mourir, semblable à ces champignons, qui paraissent d 'un jour à l'autre, ou à ces fleurs qui bordent les fossés et couvrent les murailles.

Ne nous perdons point dans l'infini, nous ne sommes pas faits pour en avoir la moindre idée ; il nous est

législateur, — pourvu qu'on ne propose pas de confondre le droit naturel avec les droits civils, à la manière ridicule des théologiens.

Les armes du fanatisme peuvent détruire ceux qui soutiennent ces vérités, mais elles ne détruiront jamais les vérités elles-mêmes.

Je n'entends pas remettre en question l'existence d'un être suprême ; au contraire, il me semble que le plus grand degré de probabilité est en faveur de cette croyance. Mais comme l'existence de cet être ne va pas plus loin que celle de tout autre pour prouver la nécessité du culte, il s'agit d'une vérité théorique avec très peu de valeur pratique. Donc, puisque l'on peut dire, après une si longue expérience, que la religion n'implique pas une honnêteté exacte, nous sommes autorisés par les mêmes raisons à penser que l'athéisme ne l'exclut pas.

Qui plus est, qui peut être sûr que la raison de l'existence de l'homme n'est pas simplement le fait qu'il existe ? [40] Peut-être a-t-il été jeté par hasard en quelque endroit de la surface de la terre, personne ne sait comment ni pourquoi, mais simplement qu'il doit vivre et mourir, comme les champignons qui apparaissent de jour en jour, ou comme ces fleurs qui bordent les fossés et couvrent les murs.

Ne nous perdons pas dans l'infini, car nous ne sommes pas faits pour en avoir la moindre idée et sommes absolument impossible de remonter à l'origine des choses. Il est égal d'ailleurs pour notre repos, que la matière soit éternelle, ou qu'elle ait été créée, qu'il y ait un Dieu, ou qu'il n'y en ait pas. Quelle folie de tant se tourmenter pour ce qu'il est impossible de connaître, et ce qui ne nous rend pas plus heureux, quand nous en viendrions à bout.

Mais, dit-on, lisez tous les ouvrages des Fénelon, des Nieuventit , des Abadie, des Derham , des Raï, etc. Eh bien ! que m'apprendront-ils? ou plutôt que m'ont-ils appris ? Ce ne sont que d'ennuyeuses répétitions d'écrivains zélés, dont l'un n'ajoute à l'autre qu'un verbiage, plus propres à fortifier qu'à saper les fondements de l'athéisme. Le volume des preuves qu'on tire du spectacle de la nature, ne leur donne pas plus de force. La structure seule d'un doigt, d'une oreille, d'un œil, *une observation de Malpighi* , prouve tout, et sans doute beaucoup mieux que *Descartes* et *Malebranche* ; ou tout le reste ne prouve rien. Les déistes, et les Chrétiens mêmes devraient donc se contenter de faire observer [52] que, dans tout le règne animal, les mêmes vues sont exécutées par une infinité de divers moyens, tous exactement géométriques. Car de quelles plus fortes armes pourraient-on terrasser les athées ? Il est vrai que si ma raison ne me trompe pas, l'homme et tout l'univers semblent avoir été destinés à cette unité de vues. Le soleil, l'air, l'eau, l'organisation, la forme des corps,

absolument incapables de remonter à l'origine des choses. D'ailleurs, peu importe pour notre tranquillité d'esprit que la matière soit éternelle ou qu'elle ait été créée, qu'il y ait ou non un Dieu. Quelle folie de nous tourmenter autant pour des choses que nous ne pouvons pas connaître, et qui ne nous rendraient pas plus heureux même si nous les connaissions !

Mais, diront certains, lisez tous les ouvrages comme ceux de Fénelon, [41] de Nieuwentyt, [42] d'Abadie, [43] de Derham, [44] de Rais, [45] et les autres. Bien! que vont-ils m'apprendre ou plutôt que m'ont-ils appris ? Ce ne sont que des répétitions fastidieuses d'écrivains zélés, dont l'un n'ajoute à l'autre que du verbiage, plus propre à renforcer qu'à saper les fondements de l'athéisme. Le nombre des évidences tirées du spectacle de la nature ne donne plus de force à ces évidences. Ou bien la simple structure d'un doigt, d'une oreille, d'un œil, une seule observation de Malpighi [46] prouve tout, et sans doute bien mieux que Descartes et Malebranche ne l'ont prouvé, ou bien toutes les autres preuves ne prouvent rien. Les déistes, [47] et même les chrétiens, devraient donc se contenter de souligner que dans tout le règne animal les mêmes buts sont poursuivis et accomplis par une infinité de mécanismes différents, tous pourtant exactement géométriques. Car quelles armes plus puissantes pourrait-il y avoir pour renverser les athées ? Il est vrai tout est arrangé dans l'œil, comme dans un miroir qui présente fidèlement à l'imagination les objets qui y sont peints, suivant les lois qu 'exige cette infinie variété de corps qui sert à la vision. Dans l'oreille, nous trouvons partout une diversité frappante, sans que cette diverse fabrique de l'homme, des animaux, des oiseaux, des poissons, produise différents usages. Toutes les oreilles sont si mathématiquement faites, qu'elles tendent également au seul et même mais, qui est d'entendre. Le hasard, demande le déiste, serait-il donc assez grand géomètre, pour varier ainsi à son gré les ouvrages dont on le suppose auteur, sans que tant de diversité pût l'empêcher d'atteindre la même fin ? Il objecte encore ces parties évidemment contenues dans l'animal pour de futurs usages, le papillon dans la chenille, l'homme dans le ver spermatique, un polype entier dans chacune de ses parties, la valvule du trou ovale, le poumon dans le fœtus , les dents dans leurs alvéoles, les os dans les fluides, qui s'en détachent et se durcissent d'une manière incompréhensible. Et comme les partisans de ce système, loin de rien négliger pour le faire valoir, ne se lassent jamais d'accumuler preuves sur preuves, ils veulent profiter de tout, et de la faiblesse même de l'esprit dans certains cas. Voyez, dites-ils, les Spinoza, les Vanini, les Desbarreaux , les Boindin , apôtres qui font plus d'honneur que de tort au déisme ! La durée de la santé de ces derniers a été la mesure de leur incrédulité : et il est rare en

que si ma raison ne me trompe pas, l'homme et l'univers tout entier semblent avoir été conçus pour cette unité de but. Le soleil, l'air, l'eau, l'organisme, la forme des corps, tout est focalisé dans l'œil comme dans un miroir qui présente fidèlement à l'imagination tous les objets qui s'y reflètent, selon les lois exigées par l'imagination. variété infinie de corps qui participent à la vision. Dans les oreilles, nous trouvons partout une variété frappante, et pourtant la différence de structure chez les hommes, les animaux, les oiseaux et les poissons ne produit pas des usages différents. Toutes les oreilles sont si mathématiquement faites qu'elles tendent également à un seul et même but, savoir entendre. Mais le hasard, demande le déiste, serait-il assez grand géomètre pour varier ainsi, à son gré, les ouvrages dont il est censé être l'auteur, sans être empêché par une si grande diversité de parvenir au même but ? Encore une fois, le déiste mettra en avant comme difficulté les parties de l'animal qui y sont clairement contenues pour un usage futur, le papillon dans la chenille, l'homme dans le sperme, un polype entier dans chacune de ses parties, la valvule dans l'ovale. orifice, les poumons chez le fœtus , les dents dans leurs alvéoles, les os dans le liquide dont ils se détachent et (d'une manière incompréhensible) durcissent. Et comme les partisans de cette théorie, loin de négliger tout ce qui pourrait la renforcer, ne se lassent pas d'accumuler preuves sur preuves, ils veulent bien profiter de effet, ajoute-ils, qu'on n'abjure pas l'athéisme, dès que les passions se sont affectées avec le corps qui en est l'instrument.

Voilà certainement tout ce qu'on peut dire de plus favorable à l'existence d'un Dieu, quoique le dernier argument soit frivole, en ce que ces conversions sont courtes, l'esprit reprenant presque toujours ses anciennes opinions et se conduisant en conséquence. , dès qu'il a recouvré ou plutôt retrouvé ses forces dans celles du corps. En voilà du moins beaucoup plus que n'en dit le médecin *Diderot* dans ses *Pensées philosophiques* , sublime ouvrage qui ne convaincra pas un athée. Que répondre en effet à un homme qui dit ? « Nous ne connaissons point la nature : des causes cachées dans son sein pourraient avoir tout produit. Voyez à votre tour le polype de Trembley! ne contient-il pas en soi les causes qui donnent lieu à sa régénération ? quelle absurdité y aurait-il donc à penser qu'il est des causes physiques pour lesquelles tout a été fait, et concernées toute la chaîne de ce vaste univers est si essentiellement liée et assujettie, que rien de ce qui arrive ne pouvait pas ne pas arriver; des causes dont l'ignorance

tout, même de la faiblesse de l'esprit dans certains cas. Regardez, disent-ils, des hommes comme Spinoza, Vanini [48], Desbarreau [49] et Boindin [50], apôtres qui honorent le déisme plus qu'ils ne lui nuisent. La durée de leur santé était la mesure de leur incrédulité, et on ne manque rarement, ajoutent-ils, de renoncer à l'athéisme lorsque les passions, avec leur instrument, le corps, se sont affaiblies.

C'est certainement tout ce qu'on peut dire en faveur de l'existence de Dieu : bien que ce dernier argument soit frivole en ce sens que ces conversions sont courtes, et que l'esprit retrouve presque toujours ses anciennes opinions et agit en conséquence, dès qu'il a retrouvé ou il a plutôt retrouvé sa force dans celle du corps. C'est du moins bien plus que ce que disait le médecin Diderot [51] dans ses « Pensées philosophiques », ouvrage sublime qui ne convaincra pas un seul athée. Quelle réponse peut-on, en vérité, faire à un homme qui dit : « Nous ne connaissons pas la nature ; des causes cachées dans son sein auraient pu tout produire. A votre tour, observez le polype de Trembley [52], ne contient-il pas en lui les causes qui amènent la régénération ? Pourquoi alors serait-il absurde de penser qu'il existe des causes physiques en raison desquelles tout a été créé, et auxquelles toute la chaîne de ce vaste univers est si nécessairement liée et tenue que rien de ce qui arrive n'aurait pu manquer de se produire [2] absolument invincible nous a fait utiliser à un Dieu, qui n'est pas même un *être de raison* , suivant certaines ? Ainsi, détruit le hasard, ce n'est pas prouver l'existence d'un Etre . suprême , puisqu'il peut y avoir autre chose qui ne serait ni hasard, ni Dieu, je veux dire la Nature, dont l'étude par conséquent ne peut faire que des [54] incredules , comme le prouve la façon de penser de tous ses plus heureux scrutateurs.

Le *poids de l'univers* n'ébranle donc pas un véritable athée, loin de *l'écraser* ; et tous ces indices mille et mille fois rebattus d'un Créateur, indices qu'on met fort au-dessus de la façon de penser dans nos semblables, ne sont évidents, quelque loin qu'on pousse cet argument, que pour les Antipyrrhoniens , ou pour ceux qui ont assez de confiance dans leur raison pour croire pouvoir juger sur certaines apparences, concernées, comme vous voyez, les athées peuvent en opposer d'autres peut-être aussi fortes et absolument contraires. Car si nous écoutons encore les naturalistes, ils nous diront que les mêmes causes qui dans les mains d'un chimiste et par le hasard de divers mélanges ont fait le premier miroir, dans celles de la nature ont fait l'eau pure, qui en sert à la simple bergère : que le mouvement qui conserve le monde, a pu le créer ; que chaque corps a pris la place que sa nature lui a assignée ; que l'air a dû entourer la terre, par la même raison que le fer

— des causes dont nous sommes si invinciblement ignorants que nous avons eu recours à un Dieu qui, comme certains l'affirment, n'est même pas une entité logique ? Ainsi détruire le hasard, ce n'est pas prouver l'existence d'un être suprême, puisqu'il peut y avoir autre chose qui n'est ni le hasard ni Dieu, je veux dire la nature. Il s'ensuit que l'étude de la nature ne peut rendre que des incroyants ; et la façon de penser de tous ses enquêteurs les plus talentueux le prouve.

Le poids de l'univers donc loin d'écraser un véritable athée ne l'ébranle même pas. Toutes ces évidences d'un créateur, répétées des milliers et des milliers de fois, évidences placées bien au-dessus de la compréhension des hommes comme nous, ne vont de soi (aussi loin qu'on pousse l'argument) que pour les anti-Pyrrhoniens 54, ou pour ~~ceux~~ qui qui ont assez confiance en leur raison pour se croire capables de juger sur certains phénomènes contre lesquels, comme vous le voyez, les athées peuvent en pousser d'autres peut-être également forts et absolument opposés. Car si nous écoutons encore les naturalistes, ils nous diront que les causes mêmes qui, entre les mains d'un chimiste, par une combinaison fortuite, ont fait le premier miroir, entre les mains de la nature ont fait l'eau pure, le miroir de la simple bergère. ; que le mouvement qui fait fonctionner le monde a pu le créer, que chaque corps a pris la place qui lui est et les autres métaux sont l'ouvrage de ses entrailles ; que le soleil est une production aussi naturelle, que celle de l'électricité ; qu'il n'a pas plus été fait pour échauffer la terre et tous ses habitants, qu'il brûle quelquefois, que la pluie pour faire pousser les grains, qu'elle gâte souvent ; que le miroir et l'eau n'ont pas plus été faits pour qu'on pût s'y regarder, que tous les corps polis qui ont la même propriété : que l'œil est à la vérité une espèce de trumeau dans lequel l 'âme peut contempler l'image des objets, tels qu'ils lui sont représentés par ces corps : mais qu'il n'est pas démontré que cet organe ait été réellement fait exprès pour cette contemplation, [55] ni exprès placé dans l 'orbiter; qu'enfin il se pourrait bien faire que Lucrèce, le médecin Lamy et tous les Epicuriens anciens et modernes eûssent raison, lorsqu'ils avancent que l'œil ne voit que par ce qu'il se trouve organisé, et placé comme il l' est, que posés une fois les mêmes règles de mouvement qui conviennent à la nature dans la génération et au développement des corps, il n'était pas possible que ce merveilleux organe fût organisé et placé autrement.

Tel est le pour et le contre, et l'abrégé des grandes raisons qui partagent éternellement les philosophes. Je ne prends aucun parti.

assignée par sa nature propre, que l'air a dû entourer la terre, et que le fer et les autres métaux sont produits par des mouvements internes du monde. la terre, pour une seule et même raison ; que le soleil est un produit naturel autant que l'électricité, qu'il n'a pas été fait pour réchauffer la terre et ses habitants, qu'il brûle parfois, pas plus que la pluie n'a été faite pour faire pousser les graines, qu'elle gâte souvent ; que le miroir et l'eau n'étaient pas plus faits pour que les gens puissent s'y voir, que ne l'étaient tous les autres corps polis ayant cette même propriété ; que l'œil est en vérité une sorte de verre dans lequel l'âme peut contempler l'image des objets tels qu'ils lui sont présentés par ces corps, mais qu'il n'est pas prouvé que cet organe ait été réellement fait exprès pour cette contemplation, ni placé exprès. dans son orbite, et en bref qu'il se peut bien que Lucrèce [55] , le médecin Lamy [56] et tous les épicuriens anciens et modernes avaient raison lorsqu'ils suggéraient que l'œil ne voit que parce qu'il est formé et placé tel qu'il est [57] et que, étant donné une fois pour toutes les mêmes règles de mouvement suivies par la nature dans la génération et le développement des corps, cet organe merveilleux n'aurait pu être formé et placé autrement.

Tel est le *pour* et le *contre*, et le résumé de ces beaux arguments qui diviseront éternellement les philosophes. Je ne prends aucun parti.

"Non nostrum inter vos tantas componere lites."

C'est ce que je disais à un Français de mes amis, aussi franc Pyrrhonien que moi, homme de beaucoup de mérite, et digne d'un meilleur sort. Il me fit à ce sujet une réponse fort singulière. Il est vrai, me dit-il, que le pour et le contre ne doit point inquiéter l'âme d'un philosophe, qui voit que rien n'est démontré avec assez de clarté pour forcer son consentement, et même que les idées indicatives qui s'offrent d'un côté, sont ausitôt détruites par celles qui se montrent de l'autre. Cependant, reprit-il, l'univers ne sera jamais heureux, à moins qu'il ne soit athée. Voici quelles étaient les raisons de cet *abominable* homme. Si l'athéisme, disait-il, était généralement répandu, toutes les branches de la religion seraient alors détruites et coupées par la racine. Plus de guerres théologiques; plus de soldats de religion; soldats terribles ! la nature infectée d'un poison sacré, reprendrait ses droits et sa pureté. Sourds à toute autre voix, les mortels tranquilles ne suivraient que les conseils spontanés | 56 | de leur propre individu, les seuls qu'on ne méprise point impunément et qui peuvent seuls nous conduire au bonheur par les agréables sentiers de la vertu.

Telle est la loi naturelle ; quiconque en est rigide observateur, est honnête homme, et mérite la confiance de tout le genre humain. Quiconque ne la suit pas scrupuleusement, a beau affecter les

"Non nostrum inter vos tantas componere lites." [58]

C'est ce que j'ai dit à un de mes amis, un Français, aussi franc pyrronien que moi, homme de beaucoup de mérite et digne d'un sort meilleur. Il m'a donné une réponse très singulière à ce sujet. « Il est vrai, me dit-il, que le *pour* et *le contre* ne doivent en rien troubler l'âme d'un philosophe, qui voit que rien n'est prouvé avec assez de clarté pour forcer son consentement, et que les arguments avancés d'un côté sont faux. neutralisés par ceux de l'autre. Cependant », a-t-il poursuivi, « l'univers ne sera jamais heureux, à moins qu'il ne soit athée ». [59] Voici les raisons de ce misérable. Si l'athéisme, disait-il, était généralement accepté, toutes les formes de religion seraient alors détruites et retranchées à la racine. Plus de guerres théologiques, plus de soldats de religion, de soldats si terribles ! La nature infectée par un poison sacré, retrouverait ses droits et sa pureté. Sourds à toute autre voix, les mortels tranquilles ne suivraient que les diktats spontanés de leur propre être, les seuls commandements qu'on ne puisse jamais mépriser impunément et qui seuls puissent nous conduire au bonheur par les agréables sentiers de la vertu.

Telle est la loi naturelle : celui qui l'observe strictement est un homme bon et mérite la confiance de tout le genre humain. Celui qui ne la suit pas scrupuleusement affecte en vain l'extérieur spécieux d'une autre spécieux dehors d'une autre religion, est un fourbe, ou un hypocrite dont je me défie.

religion ; c'est un coquin ou un hypocrite dont je me méfie.

Après cela, qu'un vain peuple pense différemment ; qu'il ose affirmer qu'il y va de la probité même, à ne pas croire la Révélation ; qu'il faut en un mot une autre religion que celle de la nature, quelle qu'elle soit ! quelle misère! quelle pitié! et la bonne opinion que chacun nous donne de celle qu'il a embrassée ! Nous ne briguons point ici le suffrage du vulgaire. Qui dresse dans son cœur des autels à la superstition, est né pour adorateur des idoles, et non pour sentir la vertu.

Après cela, qu'un peuple vaniteux pense autrement, qu'il ose affirmer qu'il y va même de la probité à ne pas croire à la révélation, en un mot qu'une autre religion que celle de la nature est nécessaire, quelle qu'elle soit. Une telle affirmation est misérable et pitoyable ; ainsi que la bonne opinion que chacun nous donne de la religion qu'il a embrassée ! Nous ne cherchons pas ici les votes de la foule. Celui qui élève dans son cœur des autels à la superstition est né pour adorer les idoles et non pour vibrer à la vertu.

Mais puisque toutes les facultés de l'âme dépendent tellement de la propre organisation du cerveau et de tout le corps, qu'elles ne sont visiblement que cette organisation même : voilà une machine bien éclairée ! car enfin quand l'homme seul aurait reçu en partage la loi naturelle, en serait-il moins une machine ? Des roues, quelques ressorts de plus que dans les animaux les plus parfaits, le cerveau proportionnellement plus proche du cœur, et recevant aussi plus de sang, la même raison donnée ; que sais-je enfin? des causes inconnues présentent toujours cette conscience délicate, si facile à bénir, ces remords qui ne sont pas plus étrangers à la matière que la pensée, et en un mot toute la différence qu'on suppose ici. L'organisation suffirait-elle donc [57] a tout ? oui, encore une fois. Puisque la pensée se développe

Mais comme toutes les facultés de l'âme dépendent à un tel degré de la bonne organisation du cerveau et de tout le corps, qu'elles ne sont apparemment que cette organisation elle-même, l'âme est évidemment une machine éclairée. Car enfin, même si l'homme seul avait reçu une part de la loi naturelle, en serait-il moins une machine à cela ? Quelques roues de plus, quelques ressorts de plus que chez les animaux les plus parfaits, le cerveau proportionnellement plus près du cœur et par là même recevant plus de sang, n'importe laquelle, parmi tant de causes inconnues, pourrait toujours produire cette conscience délicate si facilement blessée, cette des remords qui ne sont pas plus étrangers à la matière qu'à la pensée, et en un mot à toutes les différences qu'on suppose ici. L'organisme pourrait-il alors suffire à tout ?

visiblement avec les organes, pourquoi la matière dont ils sont faits ne serait-elle pas aussi susceptible de remords, quand une fois elle a acquis avec le temps la faculté de sentir ?

L'âme n'est donc qu'un vain terme dont on n'a point d'idée, et dont un bon esprit ne doit se servir que pour nommer la partie qui pense en nous. Posé le moindre principe de mouvement, les corps animés auront tout ce qu'il leur faut pour se mouvoir, sentir, penser, se repentir, et se conduire en un mot dans le physique, et dans le moral qui en dépend.

Nous ne supposons rien; ceux qui croiraient que toutes les difficultés ne seraient pas encore levées, vont trouver des expériences, qui achèveront de les satisfaire.

1. Toutes les chaises des animaux palpitent après la mort, d'autant plus longtemps que l'animal est plus froid et transpire moins : les tortues, les lézards, les serpents, etc. en font foi.

2. Les muscles séparés du corps, se retirent, lorsqu'on les pique.

3. Les entrailles conservent longtemps leur mouvement péristaltique, ou vermiculaire.

Encore une fois, oui ; puisque la pensée se développe visiblement avec nos organes, pourquoi la matière dont ils sont composés ne serait-elle pas aussi susceptible de remords, lorsqu'une fois qu'elle a acquis avec le temps la faculté de sentir ?

L'âme n'est donc qu'un mot vide, dont personne n'a l'idée, et dont un homme éclairé ne devrait se servir que pour signifier la partie en nous qui pense. [60] Étant donné le moindre principe de mouvement, les corps animés auront tout ce qui est nécessaire pour se mouvoir, sentir, penser, se repentir, ou en un mot pour se conduire dans le domaine physique et dans le domaine moral qui en dépend.

Pourtant, nous ne tenons rien pour acquis ; ceux qui pensent peut-être que toutes les difficultés ne sont pas encore levées liront maintenant des expériences qui les satisferont complètement.

1. La chair de tous les animaux palpite après la mort. Cette palpitation dure plus longtemps, plus l'animal a le sang froid et moins il transpire. Les tortues, les lézards, les serpents, etc. en sont la preuve.

2. Les muscles séparés du corps se contractent lorsqu'ils sont stimulés.

3. Les intestins maintiennent longtemps leur mouvement péristaltique ou vermiculaire.

4. Une simple injection d'eau chaude ranime le cœur et les muscles, suivant Cowper.

5. Le cœur de la grenouille, surtout exposé au soleil, encore mieux sur une table ou une assiette chaude, se remue pendant une heure et plus, après avoir été arraché du corps. Le mouvement semble-t-il perdu sans ressource ? il n'y a qu'à piquer le cœur, et ce muscle creux bat encore. Harvey a fait la même observation sur les crapauds.

6. Bacon de Verulam , dans son Traité *Sylva- Sylvarum* , | 58 | parle d'un homme convaincu de trahison, qu'on découvre vivant, et dont le cœur jeté dans l'eau chaude sauta à plusieurs reprises, toujours moins haut , à la distance perpendiculaire de 2 pieds.

7. Prenez un petit poulet encore dans l'œuf; arrachez lui le cœur; vous observerez les mêmes phénomènes, avec à peu près les mêmes circonstances. La seule chaleur de l'haleine ranime un animal prêt à périr dans la machine pneumatique.

Les mêmes expériences que nous devons à Boyle et à Sténon, se font dans les pigeons, dans les chiens, dans les lapins, dont les morceaux de cœur se remuent, comme les cœurs entiers. On voit le même mouvement dans les pattes de taupe arrachées.

8. La chenille, les vers, l'araignée, la mouche, l'anguille offrent les mêmes

4. Selon Cowper [61] une simple injection d'eau chaude réanime le cœur et les muscles.

5. Le cœur d'une grenouille bouge pendant une heure ou plus après avoir été retiré du corps, surtout lorsqu'elle est exposée au soleil ou mieux encore lorsqu'elle est placée sur une table ou une chaise chaude. Si ce mouvement semble totalement perdu, il suffit de stimuler le cœur, et ce muscle creux bat à nouveau. Harvey [62] a fait la même observation sur les crapauds.

6. Bacon de Verulam [63] dans son traité « Sylva Sylvarum » cite le cas d'un homme convaincu de trahison, qui fut ouvert vivant, et dont le cœur jeté dans l'eau chaude bondit plusieurs fois, chaque fois moins haut, jusqu'à la hauteur perpendiculaire de deux pieds.

7. Prenez une petite poule encore dans l'œuf, découpez le cœur et vous observerez les mêmes phénomènes que précédemment, dans presque les mêmes conditions. La chaleur du souffle, à elle seule, réanime un animal sur le point de périr dans la pompe à air.

Les mêmes expériences, que l'on doit à Boyle [64] et à Sténon [65], sont faites sur des pigeons, des chiens et des lapins. Des morceaux de leur cœur battent comme le ferait leur cœur tout entier. Les mêmes mouvements peuvent être observés dans les pattes coupées des taupes.

8. La chenille, le ver, l'araignée, la mouche, l'anguille, présentent toutes

choses à considérer ; et le mouvement des parties coupées augmente dans l'eau chaude, à cause du feu qu'elle contient.

les mêmes phénomènes ; et dans l'eau chaude, à cause du feu qu'elle contient, le mouvement des parties détachées augmente.

9. Un soldat ivre emporta d'un coup de sabre la tête d'un coq d'Inde. Cet animal reste debout, ensuite il marche, courut; venant à rencontrer une muraille, il se tourne, batit des ailes, en continuant de courir, et tombe enfin. Etendu par terre, tous les muscles de ce coq se remuaient encore. Voilà ce que j'ai vu, et il est facile de voir à peu près ces phénomènes dans les petits chats, ou chiens, dont on a coupé la tête.

9. Un soldat ivre coupa d'un coup de sabre la tête d'un coq indien. L'animal restait debout, puis marchait et courait : se trouvant par hasard contre un mur, il se retourna, battait des ailes toujours en courant, et finit par tomber. Lorsqu'il gisait au sol, tous les muscles de ce coq ne cessaient de bouger. C'est ce que j'ai vu moi-même, et presque les mêmes phénomènes peuvent facilement être observés chez des chatons ou des chiots à tête coupée.

10. Les polypes font plus que de se mouvoir, après la section; ils se reproduisent dans huit jours en autant d'animaux qu'il ya de parties coupées. J'en suis fâché pour le système des naturalistes sur la génération, ou plutôt j'en suis bien aise; car que cette découverte nous apprend bien à ne jamais rien [59] conclure de général, même de toutes les expériences connues, et les plus décisives !

10. Les polypes font plus que bouger après avoir été coupés en morceaux. En une semaine ils se régénèrent pour former autant d'animaux qu'il y a de morceaux. Je regrette que ces faits parlent contre le système de génération des naturalistes ; ou plutôt j'en suis très heureux, car que cette découverte nous apprenne à ne jamais parvenir à une conclusion générale, même sur la base de toutes les expériences connues (et les plus décisives).

Voilà beaucoup plus de faits qu'il n'en faut, pour prouver d'une manière incontestable que chaque petite fibre, ou partie des corps organisés, se meut par un principe qui lui est propre, et dont l'action ne dépend du point des nerfs, comme les mouvements volontaires, puisque les mouvements en question s'exercent sans que les parties qui les manifestent

Nous avons ici bien plus de faits qu'il n'en faut pour prouver, d'une manière incontestable, que chaque minuscule fibre ou partie d'un corps organisé se meut selon un principe qui lui appartient. Son activité, contrairement aux mouvements volontaires, ne dépend en aucune manière des nerfs, puisque les mouvements en question se produisent dans des parties du corps n'engagent aucun commerce avec la circulation. Or, si cette force se fait remarquer jusques dans des morceaux de fibres, le cœur, qui est un composé de fibres singulièrement entrelacées, doit avoir la même propriété. L'histoire de Bacon n'était pas nécessaire pour me le persuader. Il m'était facile d'en juger, et par la parfaite analogie de la structure du cœur de l'homme et des animaux ; et par la masse même du premier, dans laquelle ce mouvement ne se cache aux yeux, que parce qu'il y est étouffé ; et enfin parce que tout est froid et affaissé dans les cadavres. Si les dissections se faisaient sur des criminels suppliciés, dont les corps sont encore chauds, on verrait dans leur cœur les mêmes mouvements qu'on observe dans les muscles du visage des gens décapités.

Tel est ce principe moteur des corps entiers, ou des parties coupées en morceaux, qu'il produit des mouvements non déréglés, comme on l'a cru, mais très réguliers, et cela, tant dans les animaux chauds et parfaits, que dans ceux-là. qui sont froids et imparfaits. Il ne reste donc aucune ressource à nos adversaires, si ce n'est que de nier mille et mille faits que chacun peut facilement vérifier.

Si on me demande à présent quel est le siège de [60] cette force innée dans nos corps, je réponds qu'elle réside très clairement dans ce que les

qui n'ont aucun rapport avec la circulation. Mais si cette force se manifeste même dans des sections de fibres , le cœur, qui est un composite de fibres particulièrement connectées , doit posséder la même propriété. Je n'avais pas besoin de l'histoire de Bacon pour m'en convaincre. Il m'a été facile d'arriver à cette conclusion, à la fois de l'analogie parfaite de la structure du cœur humain avec celle des animaux, et aussi de la masse même du cœur humain, où ce mouvement n'échappe à nos yeux que parce qu'il est étouffés, et enfin parce que dans les cadavres tous les organes sont froids et sans vie. Si les criminels exécutés étaient disséqués alors que leur corps est encore chaud, nous verrions probablement dans leur cœur les mêmes mouvements que ceux observés dans les muscles du visage de ceux qui ont été décapités.

Le principe moteur du corps tout entier, et même de ses parties coupées en morceaux, est tel qu'il produit des mouvements non irréguliers, comme quelques-uns l'ont pensé, mais des mouvements très réguliers, aussi bien chez les animaux à sang chaud et parfaits que chez les animaux froids et imparfaits. . Aucune ressource ne reste donc ouverte à nos adversaires que de nier des milliers et des milliers de faits que tout homme peut facilement vérifier.

Si maintenant on me demande où est cette force innée dans notre corps, je répondrai qu'elle réside très clairement dans ce que les anciens

anciens ont appelé *parenchyme* ; c'est à dire dans la substance propre des parties, abstraction faite des veines, des artères, des nerfs, en un mot de l'organisation de tout le corps ; et que par conséquent chaque partie contient en soi des ressorts plus ou moins vifs, selon le besoin qu'elles en avaient.

Entrons dans quelque détail de ces ressorts de la machine humaine. Tous les mouvements vitaux, animaux, naturels et automatiques se font par leur action. N'est-ce pas machinalement que le corps se retire, frappé de terreur à l'aspect d'un précipice inattendu ? que les paupières baissent à la menace d'un coup d'État, comme on l'a dit ? que la *pupille* s'étrécit au grand jour pour conserver la rétine, et s'élargit pour voir les objets dans l'obscurité ? n'est-ce pas machinalement que les pores de la peau se ferment en hiver, pour que le froid ne pénètre pas l'intérieur des vaisseaux ? que l'estomac se soulève, irrité par le poison, par une certaine quantité d'opium, par tous les émétiques, etc.? que le cœur, les artères, les muscles se contractent pendant le sommeil, comme pendant la veille ? que le poumon fait l'office d'un soufflet continuellement exercé ? n'est-ce pas machinalement qu'agissent tous les sphincters de la vessie, du *rectum* , etc.? que le cœur a une contraction plus forte que tout autre muscle ? que les muscles érecteurs font dresser la verge dans l'homme, comme dans les animaux qui s'en battent le ventre, et même

appelaient le parenchyme, c'est-à-dire dans la substance même des organes sans compter les veines, les artères, les nerfs, en un mot, qu'il réside dans l'organisation du corps tout entier, et que par conséquent chaque organe contient en lui des forces plus ou moins actives selon les besoins.

Entrons maintenant dans quelques détails concernant ces ressorts de la machine humaine. Tous les mouvements vitaux, animaux, naturels et automatiques sont entraînés par leur action. N'est-ce pas d'une manière purement mécanique que le corps recule lorsqu'il est frappé de terreur à la vue d'un précipice imprévu, que les paupières s'abaissent sous la menace d'un coup, comme quelques-uns l'ont remarqué, et que la pupille se contracte en en plein jour pour sauver la rétine et se dilate pour voir les objets dans l'obscurité ? N'est-ce pas par des moyens mécaniques que les pores de la peau se ferment en hiver, de sorte que le froid ne peut pénétrer à l'intérieur des vaisseaux sanguins, et que l'estomac vomit lorsqu'il est irrité par le poison, par une certaine quantité d'opium et par tous les émétiques, etc.? que le cœur, les artères et les muscles se contractent aussi bien pendant le sommeil que pendant la veille, que les poumons servent continuellement de soufflet lors de l'exercice, ... que le cœur se contracte plus fortement que n'importe quel autre muscle ? [66]...

dans l'enfant, capable d'érection, pour peu que cette partie soit irritée ? Ce qui prouve, pour le dire en passant, qu'il est un ressort singulier dans ce membre, encore peu connu, et qui produit [61] des effets qu'on n'a point encore bien expliqués, malgré toutes les lumières de l 'anatomie.

Je ne m'étendrai pas davantage sur tous ces petits ressorts subalternes connus de tout le monde. Mais il en est un autre plus subtil, et plus merveilleux qui les anime tous ; il est la source de tous nos sentiments, de tous nos plaisirs, de toutes nos passions, de toutes nos pensées ; car le cerveau a ses muscles pour penser, comme les jambes pour marcher. Je veux parler de ce principe incitant, et impétueux, qu'Hippocrate appelle ενορμων (l'âme). Ce principe existe, et il a son siège dans le cerveau à l'origine des nerfs, par lesquels il exerce son empire sur tout le reste du corps. Par là s'explique tout ce qui peut s'expliquer, jusqu'aux effets surprenants des maladies de l'imagination.

Mais, pour ne pas languir dans une richesse et une fécondité mal entendue, il faut se porter à un petit nombre de questions et de réflexions.

Pourquoi la vue ou la simple idée d'une belle femme nous cause-t-elle des mouvements et des désirs singuliers ? Ce qui se passe alors dans certains organes, vient-il de la nature même de ces organes ? Point du tout; mais du commerce et de

Je n'entrerai pas dans les détails concernant toutes ces petites forces subordonnées, bien connues de tous. Mais il y a une autre force plus subtile et plus merveilleuse, qui les anime tous ; elle est la source de tous nos sentiments, de tous nos plaisirs, de toutes nos passions et de toutes nos pensées : car le cerveau a ses muscles pour penser, comme les jambes ont des muscles pour marcher. [67] Je veux parler de ce principe impétueux qu'Hippocrate appelle ενορμων (âme). Ce principe existe et a son siège dans le cerveau à l'origine des nerfs, par lesquels il exerce son contrôle sur tout le reste du corps. Par ce fait s'explique tout ce qui peut l'être, même les effets surprenants des maladies de l'imagination.

l'espèce de sympathie de ces muscles avec l'imagination . Il n'y a ici qu'un premier ressort suscité par le *bene placitum* des anciens, ou par l'image de la beauté, qui en excite un autre, lequel était fort assoupi, quand l'imagination l'a éveillé : et comment cela, si ce n'est par le désordre et le tumulte du sang et des esprits, qui galopent avec une promptitude extraordinaire, et vont gonfler les corps caverneux ?

Puisqu'il est des communications évidentes entre | 62 | la mère et l'enfant 7 , et qu'il est dur de nier des faits rapportés par Tulpius et par d'autres écrivains aussi dignes de foi (il n'y en a point qui le soient plus), nous croirons que c'est par la même voie que le fœtus ressent l'impétuosité de l'imagination maternelle, comme une cire molle reçoit toutes sortes d'impressions; et que les mêmes traces, ou envies de la mère, peuvent s'imprimer sur le fœtus, sans que cela puisse se comprendre, quoiqu'en dire Blondel et tous ses adhérents. Ainsi nous faisons réparation d'honneur au P. Malebranche, beaucoup trop raillé de sa crédulité par les auteurs qui n'ont point observé d'assez près la nature et ont voulu l'assujettir à leurs idées .

Voyez le portrait de ce fameux Pape, au moins le Voltaire des Anglais. Les efforts, les nerfs de son génie sont peints sur sa physionomie ; elle est toute en convulsion ; ses yeux sortent de l'orbite, ses sourcils s'élèvent avec les muscles du front. Pourquoi ? C'est que l'origine des

Regardez le portrait du célèbre pape qui est pour le moins le Voltaire des Anglais. L'effort, l'énergie de son génie s'impriment sur son visage. C'est convulsé. Ses yeux dépassent de leurs orbites, les sourcils sont relevés avec les muscles du front. Pourquoi? Parce que le cerveau est nerfs est en travail et que tout le corps doit se ressentir d'une espèce d'accouchement aussi laborieux. S'il n'y avait une corde interne qui tirât ainsi celles du dehors, d'où viendraient tous ces phénomènes ? Admettre une *âme* , pour les expliquer, c'est être réduit à l' *opération du Saint-Esprit* .

En effet, si ce qui pense en mon cerveau n'est pas une partie de ce viscère, et par conséquent de tout le corps, pourquoi, lorsque tranquille dans mon lit je forme le plan d'un ouvrage, ou que je poursuis un raisonnement abstrait , pourquoi mon sang s'échauffe-t- il ? pourquoi la fièvre de mon esprit [63] passe-t- elle dans mes veines ? Demandez-le aux hommes d'imagination, aux grands poètes, à ceux qu'un sentiment bien rendu ravit, qu'un goût exquis, que les charmes de la nature, de la vérité ou de la vertu transportent ! Par leur enthousiasme, par ce qu'ils vous diront avoir éprouvé, vous jugerez de la cause par les effets : par cette *harmonie* que Borelli, qu'un seul anatomiste a mieux connu que tous les Leibniziens, vous connaissez l'unité matérielle de l 'homme. Car enfin si la tension des nerfs qui fait la douleur, cause la fièvre, par laquelle l'esprit est troublé et n'a plus de volonté ; et que réciproquement l'esprit trop exercé trouble le corps, et allume ce feu de consomption qui a enlevé Bayle dans un âge si peu avancé; si telle titillation me fait vouloir, me force de désirer ardemment ce dont je ne me souciais

en travail et que tout le corps doit participer à une délivrance si laborieuse. S'il n'y avait pas une corde interne qui tirait les externes, d'où viendraient tous ces phénomènes ? Admettre une âme comme explication, c'est se réduire à expliquer les phénomènes par les opérations du Saint-Esprit.

En effet, si ce qui pense dans mon cerveau ne fait pas partie de cet organe et donc du corps tout entier, pourquoi mon sang bout-il et la fièvre de mon esprit passe-t-il dans mes veines, alors que, tranquillement couché dans mon lit, je forme le plan d'un travail ou réalisation d'un calcul abstrait ? Posez cette question aux hommes d'imagination, aux grands poètes, aux hommes ravis par l'expression heureuse du sentiment et transportés par une fantaisie exquise ou par les charmes de la nature, de la vérité ou de la vertu ! Par leur enthousiasme, par ce qu'ils vous diront avoir éprouvé, vous jugerez la cause par ses effets ; par cette harmonie que Borelli, simple anatomiste, a mieux comprise que tous les leibniziens, vous comprendrez l'unité matérielle de l'homme. Bref, si la tension nerveuse qui cause la douleur provoque aussi la fièvre par laquelle l'esprit distrait perd sa volonté, et si, inversement, l'esprit trop excité trouble le corps (et attise ce feu intérieur qui tua Bayle tandis que il était encore si jeune); si une agitation réveille mon désir et mon désir ardent pour ce qui, tout à l'heure, m'était nullement le moment d'auparavant; si à leur tour certaines traces du cerveau excitent le même prurit et les mêmes désirs, pourquoi faire double ce qui n'est évidemment qu'un ? C'est en vain qu'on se récrie sur l'empire de la volonté. Pour un ordre qu'elle donne, elle subit cent fois le joug. Et quelle merveille que le corps obéisse à l'état sain, puisqu'un torrent de sang et d'esprits vient l'y forcer, la volonté ayant pour ministres une légion invisible de fluides plus vifs que l'éclair, et toujours prêts à la servir! Mais comme c'est par les nerfs que son pouvoir s'exerce, c'est aussi par eux qu'il est arrêté. La meilleure volonté d'un amant épuisé, les plus violents désirs lui rendent-ils sa vigueur perdue ? Hélas ! non; et elle en sera la première punie, parce que , posées certaines circonstances, il n'est pas dans sa puissance de ne pas vouloir du plaisir. Ce que j'ai dit de la paralysie, etc. revient ici.

indifférent, et si à leur tour certaines impressions cérébrales excitent le même désir et les mêmes désirs, alors pourquoi considérerions-nous comme double ce qui est manifestement un ? être? En vain vous vous rabattez sur la puissance de la volonté, puisque pour un ordre que donne la volonté, elle s'incline cent fois sous le joug. [69] Et quoi d'étonnant que dans la santé le corps obéisse, puisqu'un torrent de sang et d'esprits animaux [70] le force à obéissance, et puisque la volonté a pour ministres une légion invisible de fluides plus rapides que l'éclair et toujours prêts à exécuter ses ordres ! Mais comme la puissance de la volonté s'exerce au moyen des nerfs, elle est également limitée par eux .

La jaunisse vous surprend! ne savez pas que la couleur des corps dépend de celle des verres au travers desquels on les regarde! Ignorez-vous que telle est la teinte des humeurs, telle est celle des objets, au moins par rapport à nous, vains jouets de mille illusions ? Mais ôtez cette teinte de l'humeur aqueuse de l'œil; faites couler la bile par son tamis naturel : alors l'âme ayant d'autres yeux, ne verra plus jaune. N'est- ce pas encore ainsi qu'en abattant la cataracte, ou en injectant le canal d'Eustache, on rend la vue aux aveugles, et l'ouie aux sourds ?

Les conséquences de la jaunisse vous surprennent-elles ? Ne savez-vous pas que la couleur des corps dépend de la couleur des lunettes à travers lesquelles nous les regardons, [71] et que quelle que soit la couleur des humeurs, telle est la couleur des objets, du moins pour nous, vains jouets d'un mille illusions ? Mais ôtez cette couleur à l'humeur aqueuse de l'œil, laissez la bile s'écouler à travers son filtre naturel, alors l'âme, ayant de nouveaux yeux, ne verra plus le jaune. N'est-ce pas encore ainsi qu'en ôtant la cataracte, ou en injectant le canal d'Eustache,

Combien de gens qui n'étaient peut-être que d'habiles charlatans dans des siècles ignorants, ont passé pour faire de grands miracles ! La belle âme et la puissance volonté, qui ne peut agir qu'autant que les dispositions du corps le lui permettent, et dont les goûts changent avec l'âge et la fièvre ! Faut-il donc s'étonner si les philosophes ont toujours eu en vue la santé du corps pour conserver celle de l'âme, si Pythagore a aussi soigneusement ordonné la diète, que Platon a défendu le vin ? Le régime qui convient au corps, est toujours celui par lequel les médecins sensés prétendent qu'on doit préluder, lorsqu'il s'agit de former l'esprit, de l'élever à la connaissance de la vérité et de la vertu ; vains fils dans le désordre des maladies et le tumulte des sens ! Sans les préceptes de l'hygiène, Epictète, Socrate, Platon, etc. prêchent en vain : toute morale est infructueuse, pour qui n'a pas la sobriété en partage : c'est la source de toutes les vertus comme l'intempérance est celle de tous les vices.

En faut-il davantage (et pourquoi irais-je me perdre dans l'histoire des passions, qui toutes s'expliquent par l' ενορμων d'Hippocrate) pour prouver | 65 | que l'homme n'est qu'un animal, ou un assemblage de ressorts, qui tous se montent les uns par les autres, sans qu'on puisse dire par quel point du cercle humain la

on rend la vue aux aveugles, et l'ouïe aux sourds ? Combien de personnes, qui n'étaient peut-être que d'habiles charlatans, passaient pour des faiseurs de miracles aux âges obscurs ! Belle l'âme, et puissante la volonté qui ne peut agir que par la permission des conditions corporelles, et dont les goûts changent avec l'âge et la fièvre ! Faut-il alors s'étonner que les philosophes aient toujours eu à l'esprit la santé du corps, pour préserver la santé de l'âme, que Pythagore 72 ait donné des règles de régime avec autant de soin que Platon interdisait le vin ? Le régime convenable au corps est toujours celui par lequel les médecins sensés croient devoir commencer, lorsqu'il s'agit de former l'esprit et de l'instruire dans la connaissance de la vérité et de la vertu –mais ce sont des paroles vaines dans le désordre de la maladie et dans le tumulte des sens. Sans les préceptes de l'hygiène, Epictète, Socrate, Platon et les autres prêchent en vain : toute éthique est vaine pour celui qui n'a pas sa part de tempérance ; elle est la source de toutes les vertus, comme l'intempérance est la source de tous les vices.

Il faut plus (car pourquoi me perdre dans la discussion des passions qui s'expliquent toutes par le terme ενορμων d'Hippocrate) de prouver que l'homme n'est qu'un animal, ou un ensemble de ressorts qui s'enroulent les uns les autres, sans que nous soyons capable de dire à quel moment dans ce cercle humain nature a commencé ? Si ces ressorts différents entr'eux , ce n'est donc que par leur siège et par quelques degrés de force, et jamais par leur nature; et par conséquent l'âme n'est qu'un principe de mouvement, ou une partie matérielle sensible du cerveau, qu'on peut, sans craindre l'erreur, regarder comme un ressort principal de toute la machine, qui a une influence visible sur tous les autres, et même parait avoir été fait le premier ; en sorte que tous les autres n'en seraient qu'une émanation, comme on le verra par quelques observations que je rapporterai et qui ont été faites sur divers embryons.

Cette oscillation naturelle, ou propre à notre machine, et dont est douée chaque fibre, et, pour ainsi dire, chaque élément fibreux, semblable à celle d'une pendule, ne peut toujours s'exercer. Il faut la renouveler, à mesure qu'elle se perd; lui donner des forces, quand elle langue; l'affaiblir, lorsqu'elle est opprimée par un excès de force et de vigueur. C'est en cela seul que consiste la vraie médecine.

Le corps n'est qu'une horloge, dont le nouveau chyle est l'horloger. Le premier soin de la nature, quand il entre dans le sang, c'est d'y exciter une sorte de fièvre, que les chimistes, qui ne rêvent que fourneaux, ont dû prendre pour une fermentation. Cette fièvre procure une plus grande filtration d'esprits,

la nature a commencé ? Si ces ressorts diffèrent entre eux, ces différences ne consistent que dans leur position et dans leurs degrés de force, et jamais dans leur nature ; c'est pourquoi l'âme n'est qu'un principe de mouvement ou une partie matérielle et sensible du cerveau, qui peut être considérée, sans crainte d'erreur, comme le ressort de toute la machine, ayant une influence visible sur toutes les parties. L'âme semble même avoir été faite pour le cerveau, de sorte que toutes les autres parties du système ne sont qu'une sorte d'émanation du cerveau. Ceci ressortira de certaines observations faites sur différents embryons, que je vais maintenant énumérer.

Cette oscillation, qui est naturelle ou adaptée à notre machine, et dont chaque fibre et même chaque élément fibreux, pour ainsi dire, semble être dotée, comme celle d'un pendule, ne peut se maintenir éternellement. Il faut le renouveler lorsqu'il perd des forces, le revigorer lorsqu'il est fatigué, et l'affaiblir lorsqu'il est perturbé par un excès de force et de vigueur. C'est en cela seulement que consiste la vraie médecine.

Le corps n'est qu'une montre dont l'horloger est le nouveau chyle. Le premier soin de la nature, lorsque le chyle entre dans le sang, est d'y exciter une sorte de fièvre ~~que~~ les chimistes, qui ne rêvent que de cornues, ont dû prendre pour de la fermentation. Cette fièvre produit une plus grande filtration des esprits, qui vont machinalement animer les muscles et le cœur, comme s'ils y étaient envoyés par ordre de la volonté.

Ce sont donc les causes ou les forces de la vie qui entretiennent ainsi pendant 100 ans le mouvement [66] perpétuel des solides et des fluides, aussi nécessaire aux uns qu'aux autres. Mais qui peut dire si les solides contribuent à ce jeu, plus que les fluides, et *vice versa* ? Tout ce qu'on sait, c'est que l'action des premiers serait bientôt anéantie, sans le secours des secondes. Ce sont les liqueurs qui par leur chocolat éveillent et conservent l'élasticité des vaisseaux, de laquelle dépend leur propre circulation. De là vient qu'après la mort le ressort naturel de chaque substance est plus ou moins fort encore suivant les restes de la vie, auxquels il survit, pour expirer le dernier. Tant il est vrai que cette force des parties animales peut bien se conserver et s'augmenter par celle de la circulation, mais qu'elle n'en dépend point, puisqu'elle se passe même de l'intégrité de chaque membre, ou viscère. , comme à l'a vu.

Je n'ignore pas que cette opinion n'a pas été goûtée de tous les savants, et que Stahl surtout l'a fort dédaignée. Ce grand chimiste a voulu nous persuader que l'âme était la seule cause de tous nos mouvements.

qui animent mécaniquement les muscles et le cœur, comme s'ils y avaient été envoyés par ordre de la volonté.

Telles sont donc les causes ou les forces de vie qui soutiennent ainsi pendant cent ans ce mouvement perpétuel des solides et des liquides qui est aussi nécessaire aux premiers qu'aux seconds. Mais qui peut dire si les solides contribuent davantage que les fluides à ce mouvement ou *vice versa* ? Tout ce que nous savons, c'est que l'action des premiers cesserait bientôt sans le secours des seconds, c'est-à-dire sans le secours des fluides qui, par leur apparition, éveillent et maintiennent l'élasticité des vaisseaux sanguins dont dépend leur propre circulation. Il s'ensuit qu'après la mort, la résilience naturelle de chaque substance est encore plus ou moins forte selon les restes de vie auxquels elle survit, étant la dernière à périr. Tant il est vrai que cette force des parties animales peut être conservée et renforcée par celle de la circulation, mais qu'elle ne dépend pas de la force de la circulation, puisque, comme nous l'avons vu, elle peut supprimer même l'intégrité de la circulation . chaque membre ou organe.

Je sais que cette opinion n'a pas été appréciée par tous les savants, et que Stahl en particulier l'a beaucoup méprisée. Ce grand chimiste a voulu nous persuader que l'âme est la cause unique de tous nos mouvements.

Mais c'est parler en fanatique, et non en philosophe.

Pour détruire l'hypothèse Stahlienne, il ne faut pas faire tant d'efforts que je vois qu'on en a faits avant moi. Il n'y a qu'à jeter les yeux sur un joueur de violon. Quelle souplesse ! Quelle agilité dans les doigts ! Les mouvements sont si prompts, qu'il ne paraît presque pas et avoir de succession. Or, je prie, ou plutôt je défie les Stahliens de me dire, eux qui connaissent si bien tout ce que peut notre âme, comment il serait possible qu'elle exécute si vite tant de mouvements, des mouvements qui se passent si loin d' elle, et en tant d'endroits | 67 | divers. C'est supposer un joueur de flûte qui pourrait faire de brillantes cadences sur une infinité de trous qu'il ne connaitrait pas, et auquel il ne pourrait seulement pas appliquer le doigt.

Mais disons avec M. Hecquet qu'il n'est pas permis à tout le monde d'aller à Corinthe. Et pourquoi Stahl n'aurait-il pas été encore plus favorisé de la nature en qualité d'homme, qu'en qualité de chimiste et de praticien ? Il fallait (heureux !) qu'il eût reçu une autre âme mortelle que le reste des hommes; une âme souveraine, qui non contente d'avoir quelque empire sur les muscles *volontaires* , tenait sans peine les reins de tous les mouvements du corps, pouvait les soutenir, les calmer, ou les exciter à son gré. Avec une maîtresse aussi despotique, dans les mains de laquelle étaient en quelque

Mais il s'agit ici de parler en fanatique et non en philosophe.

Pour détruire l'hypothèse de Stahl [75] -nous n'avons pas besoin de faire un effort aussi grand que je trouve que d'autres l'ont fait avant moi. Il suffit de jeter un coup d'œil sur un violoniste. Quelle souplesse, quelle légèreté dans ses doigts ! Les mouvements sont si rapides qu'il semble presque qu'il n'y ait pas de succession. Mais je prie, ou plutôt je défie, les disciples de Stahl qui comprennent si parfaitement tout ce que notre âme peut faire, de me dire comment elle a pu exécuter si rapidement tant de mouvements, mouvements qui d'ailleurs se font si loin de l'âme. , et dans tant d'endroits différents. C'est supposer qu'un joueur de flûte puisse jouer de brillantes cadences sur une infinité de trous qu'il ne pourrait pas connaître, et sur lesquels il ne pourrait même pas mettre le doigt !

Mais disons avec M. Hecquet [76] que tous les hommes ne peuvent pas aller à Corinthe. [77] Pourquoi Stahl n'aurait-il pas été encore plus favorisé par la nature comme homme que comme chimiste et praticien ? Heureux mortel, il dut recevoir une âme différente de celle du reste des hommes, une âme souveraine, qui, non contente d'avoir quelque contrôle sur les muscles volontaires, tenait facilement les rênes de tous les mouvements du corps, et pouvait suspendez-les, calmez-les, ou excitez-les, à son gré ! Avec une maîtresse si despotique, entre les sorte les battements du cœur et les lois de la circulation, point de fièvre sans doute ; point de douleur; point de langueur; ni honteuse impuissance, ni facheux priapisme. L'âme veut, et les ressorts jouent, se dressent, ou se débandent. Comment ceux de la machine de Stahl se sont-ils sitôt détraqués ? Qui a chez soi un si grand médecin, devrait être immortel.

Stahl, au reste, n'est pas le seul qui ait rejeté le principe d'oscillation des corps organisés. De plus grands esprits ne l'ont pas employé, lorsqu'ils ont voulu expliquer l'action du cœur, l'érection du *pénis* , etc. Il n'y a qu'à lire les Institutions de médecine de Boerhaave, pour voir quels laborieux et séduisants systèmes, faute d'admettre une force aussi frappante dans tous les corps, ce grand homme a été obligé d'enfanter à la sueur de son puissant génie. | 68 |

Willis et Perrault, esprits d'une plus faible trempe, mais observateurs assidus de la nature, que le fameux professeur de Leyde n'a connu que par autrui et n'a eue, pour ainsi dire, que de la seconde main, paraissent avoir mieux aimé supposer une âme généralement répandue par tout le corps, que le principe dont nous parlons. Mais dans cette hypothèse qui fut celle de Virgile et de tous les Epicuriens, hypothèse que l'histoire du polype semblerait favoriser à la première vue, les mouvements qui survivent au sujet dans lequel ils sont inhérents viennent d'un reste d'âme , que conservant encore les parties

mains de laquelle étaient en quelque sorte les battements du cœur et les lois de la circulation, il ne pouvait certainement y avoir ni fièvre, ni douleur, ni lassitude, ... ! L'âme veut et les ressorts jouent, se contractent ou se détendent. Mais comment les ressorts de la machine de Stahl se sont-ils détériorés si tôt ? Celui qui a en lui un si grand médecin devrait être immortel.

Stahl n'est d'ailleurs pas le seul à rejeter le principe de la vibration des corps organiques. Les plus grands esprits n'ont pas utilisé le principe lorsqu'ils ont voulu expliquer l'action du cœur, ... etc. Il suffit de lire les "Institutions de Médecine" de Boerhaave [78] pour voir quels systèmes laborieux et alléchants ce grand homme a été obligé d'inventer. , par le travail de son puissant génie, en refusant d'admettre qu'il existe une force si merveilleuse dans tous les corps.

Willis et Perrault, esprits plus faibles, mais observateurs attentifs de la nature (alors que la nature n'était connue du célèbre professeur de Leyde que par d'autres et de seconde main, pour ainsi dire), semblent avoir préféré supposer une âme généralement étendue sur le corps tout entier, au lieu du principe que nous décrivons. Mais selon cette hypothèse (qui était l'hypothèse de Virgile et de tous les épicuriens, hypothèse que l'histoire du polype pourrait à première vue sembler favoriser), les mouvements qui se poursuivent après la mort du sujet et auxquels ils sont inhérents sont dus qui se contractent, sans être désormais irritées par le sang et les esprits. D'où l'on voit que ces écrivains dont les ouvrages solides éclipsent librement toutes les fables philosophiques, ne se sont trompés que sur le modèle de ceux qui ont donné à la matière la faculté de penser, je veux dire, pour s'être mal exprimé, en termes obscurs, et qui ne signifie rien. En effet, qu'est ce que ce *reste d'âme* , si ce n'est la force motrice des Leibniziens, mal rendue par une telle expression, et que cependant Perrault surtout a véritablement entrevue. Voy . fils *Traité de la Mécanique des Animaux* .

A présent qu'il est clairement démontré contre les Cartésiens, les Stahliens, les Malebranchistes, et les théologiens peu dignes d'être ici placés, que la matière se meut par elle-même, non seulement lorsqu'elle est organisée, comme dans un cœur entier, par exemple, mais lors même que cette organisation est détruite, la curiosité de l'homme voudrait savoir comment un corps, par cela même qu'il est originairement doué d'un souffle de vie, se trouve en conséquence orné de la faculté de sentir, et enfin par | 69 | celle-ci de la pensée. Et pour en venir à bout, ô bon Dieu, quels efforts n'ont pas fait certains philosophes ! et quelle galimatias j'ai eu la patience de lire à ce sujet !

Tout ce que l'expérience nous apprend, c'est que tant que le

à à un reste d'âme encore maintenu par les parties qui se contractent, quoique, dès la mort, celles-ci ne soient pas excitées par le sang et les esprits. D'où l'on voit que ces écrivains, dont les œuvres solides éclipsent facilement toutes les fables philosophiques, ne se trompent qu'à la manière de ceux qui ont doté la matière de la faculté de penser, je veux dire, en s'exprimant mal dans des termes obscurs et dénués de sens. termes. En vérité, qu'est-ce que ce reste d'âme, si ce n'est la « force motrice » des Leibniziens (mal rendu par une telle expression), que pourtant Perrault notamment a bien prévu. Voir son « Traité sur le mécanisme des animaux ».

Maintenant qu'il est clairement prouvé contre les cartésiens, les disciples de Stahl, les malébranchistes et les théologiens qui méritent peu d'être mentionnés ici, que la matière se meut d'elle-même, non seulement lorsqu'elle est organisée, comme dans un cœur tout entier, par exemple. , mais même lorsque cette organisation aura été détruite, la curiosité humaine voudrait découvrir comment un corps, du fait qu'il est originellement doté du souffle de vie, se trouve paré en conséquence de la faculté de sentir, et donc de celle de pensée. Et, mon Dieu, que d'efforts n'ont pas été faits par certains philosophes pour parvenir à le prouver ! et quelles absurdités à ce sujet j'ai eu la patience de lire !

Tout ce que nous apprend l'expérience, c'est que tant que le mouvement subsiste, si petit qu'il soit dans une ou plusieurs fibres, il n'y a qu'à les piquer, pour réveiller, animer ce mouvement presque éteint. , comme on l'a vu dans cette foule d'expériences dont j'ai voulu accabler les systèmes. Il est donc constant que le mouvement et le sentiment s'excitent tour à tour, et dans les corps entiers, et dans les mêmes corps dont la structure est détruite ; pour ne rien dire de certaines plantes qui semblent nous offrir les mêmes phénomènes de la réunion du sentiment et du mouvement.

mouvement persiste, si léger soit-il, dans une ou plusieurs fibres , il suffit de les stimuler pour réexciter et animer ce mouvement presque éteint. Cela a été démontré dans la multitude d'expériences que j'ai entreprises pour écraser les systèmes. Il est donc certain que le mouvement et le sentiment s'excitent tour à tour, tant dans un corps entier que dans le même corps lorsque sa structure est détruite, sans parler de certaines plantes qui semblent présenter les mêmes phénomènes d'union du sentiment et du mouvement. .

Mais de plus, combien d'excellents philosophes ont démontré que la pensée n'est qu'une faculté de sentir, et que l'âme raisonnable n'est que l'âme sensible appliquée à contempler les idées, et à raisonner ! Ce qui serait prouvé par cela seul que lorsque le sentiment est éteint, la pensée l'est aussi, comme dans l'apoplexie, la léthargie, la catalepsie, etc. Car ceux qui ont avancé que l'âme n'avait pas moins pensé dans les maladies soporeuses, quoiqu'elle ne se souvint pas des idées qu'elle avait eues, ont soutenu une chose ridicule.

Mais aussi combien d'excellents philosophes ont montré que la pensée n'est qu'une faculté de sentir, et que l'âme raisonnable n'est que l'âme sensible engagée à contempler ses idées et à raisonner ! Cela serait prouvé par le seul fait que lorsque le sentiment est étouffé, la pensée est également freinée, par exemple dans l'apoplexie, dans la léthargie, dans la catalepsie , etc. Car il est ridicule de suggérer que, pendant ces stupeurs, l'âme continue à penser, même s'il ne se souvient pas des idées qu'il a eues.

Pour ce qui est de ce développement, c'est une folie de perdre le temps à en rechercher le mécanisme. La nature du mouvement nous est aussi inconnue que celle de la matière. Le moyen de découvrir comment il s'y produit, à moins que de ressusciter avec l'auteur de *l'Histoire de l'Ame* l'ancienne et inintelligible doctrine

Quant au développement du sentiment et du mouvement, il est absurde de perdre du temps à en chercher le mécanisme. La nature du mouvement nous est aussi inconnue que celle de la matière. Comment découvrir comment elle se produit, à moins, comme l'auteur de « L'Histoire de l'âme », de ressusciter la vieille et inintelligible doctrine des

des *formes substantiellement* ! Je suis | 70 | donc aussi consolé d'ignorer comment la matière , d'inerte et simple, devient active et composée d'organes, que de ne pouvoir regarder le soleil sans verre rouge : et je suis d'aussi bonne composition sur les autres merveilles incompréhensibles de la nature, sur la production du sentiment et de la pensée dans un être qui ne paraissait autrefois à nos yeux bornés qu'un peu de boue.

Qu'on m'accorde seulement que la matière organisée est douée d'un principe moteur, qui seul la différence de celle qui ne l'est pas (eh ! peut -on rien refuser à l'observation la plus incontestable ?) et que tout dépend dans les animaux de la diversité de cette organisation, comme je l'ai assez prouvé ; c'en est assez pour deviner l'énigme des substances et celle de l'homme. On voit qu'il n'y en a qu'une dans l'univers et que l'homme est la plus parfaite. Il est au singe, aux animaux les plus spirituels, ce que le pendule planétaire de Huygens est à une montre de Julien le Roi. S'il a fallu plus d'instruments, plus de rouages, plus de ressorts pour marquer les mouvements des planètes, que pour marquer les heures, ou les répéter ; s'il a fallu plus d'art à Vaucanson pour faire son *Fluteur*, que pour son *Canard* , il eût dû en employeur encore davantage pour faire un *Parleur* ; machine qui ne peut plus être regardée comme impossible, surtout entre les mains d'un nouveau Prométhée. Il était donc de même

formes substantielles ? Je suis donc tout aussi content de ne pas savoir comment une matière inerte et simple devient active et hautement organisée, que de ne pas pouvoir regarder le soleil sans lunettes rouges ; et je suis tout aussi peu inquiet des autres merveilles incompréhensibles de la nature, de la production de sentiments et de pensées chez un être qui apparaissait autrefois à nos yeux limités comme une simple motte d'argile.

Admettons seulement que la matière organisée soit douée d'un principe de mouvement qui seul la différencie de l'inorganique (et peut-on le nier devant l'observation la plus incontestable ?) et que chez les animaux, comme je l'ai suffisamment prouvé, tout dépend de la matière. la diversité de cette organisation : ces aveux suffisent pour deviner l'énigme des substances et de l'homme. Il apparaît [ainsi] qu'il n'y a qu'un seul [type d'organisation] dans l'univers, et que l'homme en est le plus parfait [exemple]. Il est au singe et aux animaux les plus intelligents, comme le pendule planétaire de Huyghens [83] l'est à une montre de Julien Leroy. [84] ~~Il fallait~~ plus d'instruments, plus de roues et plus de ressorts pour marquer les mouvements des planètes que pour marquer ou sonner les heures ; et Vaucanson, qui avait besoin de ~~plus~~ d'habileté pour fabriquer son joueur de flûte que pour fabriquer son canard, en eût fallu plus encore pour faire un homme qui parle, mécanisme qui ne nécessaire que la nature employât plus d'art et d'appareil pour faire et entretenir une machine, qui pendant un siècle entier pût marquer tous les battements du cœur et de l'esprit ; car si on n'en voit pas au pouls les heures, c'est du moins le baromètre de la chaleur et de la vivacité, par lequel on peut [71 | juger de la nature de l'âme. Je ne me trompe point, le corps humain est une horloge, mais immense, et construite avec tant d'artifice et d'habileté, que si la roue qui sert à marquer les secondes vient à s'arrêter, celle des minutes tourne et va. toujours son train, comme la roue des quarts continue de se mouvoir; et ainsi des autres, quand les premières, rouillées, ou dérangées par quelque cause que ce soit, ont interrompu leur marche. Car n'est-ce pas ainsi que l'obstruction de quelques vaisseaux ne suffit pas pour détruire, ou suspendre le fort des mouvements, qui est dans le cœur, comme dans la pièce ouvrière de la machine ; puisqu'au contraire les fluides dont le volume est diminué, ayant moins de chemin à faire, le parcourent d'autant plus vite, emportés comme par un nouveau courant, que la force du cœur s'augmente en raison de la résistance qu'il trouve-t-on à l'extrémité des vaisseaux ? Lorsque le nerf optique seul comprimé ne laisse plus passer l'image des objets, n'est-ce pas ainsi que la privation de la vue n'empêche pas plus l'usage de l'ouïe, que la privation de ce sens, lorsque les fonctions de la *portion molle* sont interdites, ne suppose-t-elle pas celle

doit plus être regardé comme impossible, surtout entre les mains d'un autre Prométhée. De la même manière, il était nécessaire que la nature utilise un art plus élaboré pour fabriquer et entretenir une machine qui puisse pendant un siècle entier marquer tous les mouvements du cœur et de l'esprit ; car, même si l'on ne mesure pas l'heure par le pouls, c'est du moins le baromètre de la chaleur et de la vivacité par lequel on peut estimer la nature de l'âme. J'ai raison! Le corps humain est une montre, une grande montre construite avec une telle habileté et une telle ingéniosité que si la roue qui marque les secondes vient à s'arrêter, la roue des minutes tourne et continue sa ronde, et de même la roue des quarts d'heure , et tous les autres continuent de rouler lorsque les premières roues sont arrêtées parce que rouillées ou, pour une raison quelconque, en panne. N'est-ce pas pour une raison semblable que l'arrêt de quelques vaisseaux sanguins ne suffit pas à détruire ou à suspendre la force du mouvement qui est dans le cœur comme dans le ressort de la machine ; puisqu'au contraire les fluides dont le volume est diminué, ayant un chemin à parcourir plus court, couvrent plus vite le sol, entraînés comme par un nouveau courant que l'énergie du cœur augmente proportionnellement à la résistance qu'il rencontre aux extrémités . des vaisseaux sanguins ? Et n'est-ce pas la raison pour laquelle la perte de la vue (causée par la compression du nerf optique et par le fait qu'il cesse de l'autre ? N'est-ce pas ainsi encore que l'un entend, sans pouvoir dire qu'il entend (si ce n'est après l'attaque du mal) et que l'autre qui n'entend rien, mais dont les nerfs linguaux sont libres dans le cerveau, dit machinalement tous les rêves qui lui passent par la tête ? Phénomènes qui ne surprennent pas les médecins éclairés. Ils savent à quoi s'en tenir sur la nature de l'homme ; et pour le dire en passant : de deux médecins, le meilleur, celui qui mérite le plus de confiance, c'est toujours, à mon avis, celui qui est le plus versé dans la physique, [72] ou la mécanique du corps humain , et qui laissant l'âme et toutes les inquiétudes que cette chimère donne aux sots et aux ignorants , n'est occupée sérieusement que du pur naturalisme.

de transmettre les images des objets) ne gêne pas plus l'audition, que la perte de l'audition (causée par l'obstruction des fonctions du nerf optique) ? nerf auditif) implique la perte de la vue ? De même enfin, aucun homme n'entend (sauf immédiatement après son accès) sans pouvoir dire qu'il entend, tandis qu'un autre qui n'entend rien, mais dont les nerfs linguaux sont intacts dans le cerveau, raconte machinalement tous les rêves. qui lui passe par l'esprit ? Ces phénomènes ne surprennent pas du tout les médecins éclairés. Ils savent quoi penser de la nature de l'homme, et (plus exactement pour m'exprimer en passant) de deux médecins, le meilleur et celui qui mérite le plus de confiance est toujours, à mon avis, celui qui est le plus versé dans le physique ou mécanisme du corps humain, et qui, laissant de côté l'âme et toutes les inquiétudes que cette chimère donne aux insensés et aux ignorants, ne s'occupe sérieusement que du naturalisme pur.

Laissons donc le prétendu M. Charp se moquer des philosophes qui ont regardé les animaux, comme des machines. Que je pense différemment ! Je crois que Descartes serait un homme respectable à tous égards, si, né dans un siècle qu'il n'eût pas dû éclairer, il eût connu le prix de l'expérience et de l' observation, et le danger de s'en écarter. Mais il n'est pas moins juste que je fasse ici une authentique réparation à ce grand homme, pour tous ces petits philosophes mauvais

Que le prétendu M. Charp se moque donc des philosophes qui ont considéré les animaux comme des machines. Comme mon point de vue est différent ! Je crois que Descartes serait un homme en tout respect digne, si, né dans un siècle qu'il n'avait pas été obligé d'éclairer, il avait connu la valeur de l'expérience et de l'observation, et le danger de s'en détacher . Mais il n'en est pas moins juste pour moi de faire à ce grand homme une authentique réparation pour tous les philosophes plaisants, et mauvais singes de Locke, qui, au lieu de rire impudemment au nez de Descartes, feraient mieux de sentir que sans lui le champion de la philosophie, comme celui du bon esprit sans Newton, serait peut-être encore en friche.

Il est vrai que ce célèbre philosophe s'est beaucoup trompé, et personne n'en déconvient. Mais enfin il a connu la nature animale ; il a le premier parfaitement démontré que les animaux étaient de pures machines. Ou, après une découverte de cette importance et qui suppose autant de sagacité, le moyen, sans ingratitude, de ne pas faire grâce à toutes ses erreurs !

Elles sont à mes yeux toutes réparées par ce grand aveu. Car enfin, quoiqu'il chante sur la distinction des deux substances, il est visible que ce n'est qu'un tour d'adresse, une ruse de style, pour faire avaler aux théologiens un poison caché à l'ombre d'une. analogie qui frappe tout le monde, et qu'eux seuls ne voient pas. Car c'est elle, c'est cette forte analogie qui force tous les savants et les vrais juges [73] d'avouer que ces êtres fiers et vains, plus distingués par leur orgueil que par le nom d'hommes, quelque envie qu 'ils continuent de s'élever, ne sont au fond que des animaux et des machines perpendiculairement rampantes. Elles ont toutes ce merveilleux instinct, dont l'éducation faite de l'esprit, et qui a toujours son siège

insignifiants, pauvres bouffons et pauvres imitateurs de Locke, qui, au lieu de se moquer impudemment de Descartes, pourraient mieux comprendre que sans lui le domaine de la science la philosophie, comme le domaine scientifique sans Newton, serait peut-être encore inculte.

Ce célèbre philosophe s'est, il est vrai, beaucoup trompé, et personne ne le nie. Mais en tout cas, il comprenait la nature animale, il fut le premier à prouver complètement que les animaux sont de pures machines. [86] Et après une découverte de cette importance qui demande tant de sagacité, comment ne pas, sans ingratitude, ne pas lui pardonner toutes ses erreurs !

A mes yeux, ils sont tous expiés par cette grande confession. Car après tout, s'il vante la distinction des deux substances, ce n'est évidemment qu'un tour d'adresse, une ruse de style, pour faire avaler aux théologiens un poison caché à l'ombre d'une analogie qui frappe tout le monde et qu'eux seuls ne pas le remarquer. Car c'est cela, cette forte analogie, qui force tous les savants et tous les sages juges à avouer que ces êtres orgueilleux et vaniteux, plus distingués par leur orgueil que par le nom d'hommes, quoiqu'ils veuillent s'exalter, ne sont au fond que des animaux. et des machines qui, bien que debout, marchent à quatre pattes. Ils ont tous cet instinct merveilleux, qui se développe par l'éducation dans l'esprit, et qui a toujours son siège dans le cerveau, et à son défaut, comme lorsqu'il manque ou est ossifié, dans la moëlle allongée, et jamais dans le cervelet; car je l'ai vu considérablement blessé, d'autres 8 l'ont trouvé squirreux, sans que l'âme cessât de faire ses fonctions.

Etre machine, sentir, penser, savoir distinguer le bien du mal, comme le bleu du jaune, en un mot être né avec de l'intelligence et un instinct de moral, et n'être qu'un animal, sont donc des choses. qui ne sont pas plus contradictoires qu'être un singe ou un perroquet et savoir se donner du plaisir. Car, puisque l'occasion se présente de le dire, qui eut jamais deviné *à priori* qu'une goutte de la liqueur qui se lance dans l'accouplement fit ressentir des plaisirs divins, et qu'il en naîtrait une petite créature, qui pourrait un jour, posées certaines lois, jouir des mêmes délices ? Je crois la pensée si peu incompatible avec la matière organisée, qu'elle semble en être une propriété, telle que l'électricité, la faculté motrice, l'impénétrabilité, l'étendue, etc.

Voulez-vous de nouvelles observations? En voici qui sont sans réplique et qui prouvent toutes que l'homme ressemble parfaitement aux animaux dans son origine, comme dans tout ce que nous avons déjà cru essentiel de comparer.

J'en appelle à la bonne foi de nos observateurs. Qu'ils nous disent s'il n'est pas vrai que l'homme dans son principe n'est qu'un ver,

dans le cerveau, (ou, à défaut, lorsqu'il manque ou s'endurcit, dans la moelle allongée) et jamais dans le cervelet ; car j'ai souvent vu le cervelet blessé, et d'autres observateurs l' ont trouvé durci, quand l'âme n'a pas cessé de remplir ses fonctions.

Être une machine, sentir, penser, savoir distinguer le bien du mal, ainsi que le bleu du jaune, en un mot, naître avec une intelligence et un instinct moral sûr, et n'être qu'un animal, sont donc des caractères qui ne sont pas plus contradictoires que d'être un singe ou un perroquet et de pouvoir se donner du plaisir... Je crois que la pensée est si peu incompatible avec la matière organisée, qu'elle semble être une de ses propriétés. à égalité avec l'électricité, la faculté de mouvement, d'impénétrabilité, d'extension, etc.

Demandez-vous des observations complémentaires ? En voici quelques-uns qui sont incontestables et qui prouvent tous que l'homme ressemble parfaitement aux animaux, dans son origine ainsi que dans tous les points sur lesquels nous avons cru indispensable de faire la comparaison....

qui devient homme, comme la chenille papillon. Les plus graves 9 auteurs nous ont appris comment il faut s'y prendre pour voir cet animalcule. Tous les curieux l'ont vu, comme Hartsoeker , dans la semence de l'homme, et non dans celle de la femme ; il n'y a que les sots qui s'en soient faits scrupules. Comme chaque goutte de sperme contient une infinité de ces petits vers lorsqu'ils sont lancés à l'ovaire, il n'y a que le plus adroit, ou le plus vigoureux qui ait la force de s'insinuer et de s'implanter dans l'œuf qui fournit la femme, et qui lui donne sa première nourriture. Cet œuf, quelquefois surpris dans les trompes de Fallope, est porté par ces canaux à la matrice, où il prend racine, comme un grain de blé dans la terre. Mais quoiqu'il y devienne monstrueux par sa croissance de 9 mois, il ne différencie point des œufs des autres femelles, si ce n'est que sa peau (l'amnios) ne se durcit jamais, et se dilate prodigieusement, comme *on* en peut juger en comparer les fœtus trouvés en situation et près d'éclore (ce que j'ai eu le plaisir d'observer dans une femme morte un moment avant l'accouchement), avec d'autres petits embryons très proches de leur origine : car alors c'est toujours l'œuf dans sa coque, et l'animal dans l'œuf, qui, gêné dans ses mouvements, cherche machinalement à voir le jour; et pour y réussir, il commence par rompre avec la tête cette membrane, d' oû il sort, comme le poulet, l'oiseau, etc., de la leur. J'ajouterai une observation que je ne trouve nulle part; c'est que l' *amnios* n'en est pas plus mince, pour s'être prodigieusement étendu ; [75] semblable en cela à la matrice dont la substance même se gonfle de sucs infiltrés, dépendant de la réplétion et du déploiement de tous ses coudes vasculeux.

Voyons l'homme dans et hors de sa coque; examens avec un microscope les plus jeunes embryons, de 4, de 6, de 8 ou de 15 jours ; après ce temps les yeux suffisent. Que voit- on ? la tête seule; un petit œuf rond avec deux points noirs qui marquent les yeux. Avant ce temps, tout étant plus informé, on n'aperçoit qu'une pulpe médullaire, qui est le cerveau, dans laquelle se forme d'abord l'origine des nerfs, ou le principe du sentiment, et le cœur qui a déjà par lui-même dans cette pulpe la faculté de battre : c'est le *punctum saliens* de Malpighi, qui doit peut-être déjà une partie de sa vivacité à l'influence des nerfs. Ensuite peu-à-peu on voit la tête allonger le col, qui en se dilatant forme d'abord le *thorax*, où le cœur a déjà descendu, pour s'y fixer; après quoi vient le bas ventre qu'une cloison (le diaphragme) sépare. Ces dilatations donnent l'une, les bras, les mains, les doigts, les ongles et les poils ; l'autre les cuisses, les jambes, les pieds, etc., avec la seule différence de situation qu'on leur connaît, qui fait l'appui et le balancier du corps. C'est une végétation frappante. Ici, ce sont des cheveux qui couvrent le sommet de nos têtes ; là, ce sont des feuilles et des fleurs. Partout brille le même luxe de la nature ; et enfin l'esprit

Observons l'homme dans et hors de sa coquille, examinons au microscope les jeunes embryons de quatre, six, huit ou quinze jours ; après ce temps, nos yeux suffisent. Que voit-on ? La tête seule ; un petit œuf rond avec deux pointes noires qui marquent les yeux. Avant cela, tout est informe, et on ne voit qu'une pulpe médullaire, qui est le cerveau, dans laquelle se forment d'abord les racines des nerfs, c'est-à-dire le principe du sentiment, et le cœur, qui déjà dans cette substance a la pouvoir de se battre; c'est le *point salien* de Malpighi, qui doit peut-être déjà une partie de son excitabilité à l'influence des nerfs. Puis peu à peu, on voit la tête s'allonger à partir du cou, qui, en se dilatant, forme d'abord le thorax à l'intérieur duquel le cœur s'est déjà enfoncé, pour y devenir stationnaire ; en dessous se trouve l'abdomen qui est divisé par une cloison (le diaphragme). L'un de ces élargissements du corps forme les bras, les mains, les doigts, les ongles et les cheveux ; l'autre forme les cuisses, les jambes, les pieds, etc., qui ne diffèrent que par leur situation observée, et qui constituent le support et le pôle d'équilibre du corps. L'ensemble du processus est une sorte de croissance étrange, comme celle des plantes. Au recteur des plantes est placé où nous avons notre âme, cette autre quintessence de l'homme.

Telle est l'uniformité de la nature qu'on commence à sentir, et l'analogie du règne animal et végétal, de l'homme à la plante. Peut-être même | 76 | y at-il des plantes animal, c'est-à-dire qui en végétant, ou se battent comme les polypes, ou font d'autres fonctions propres aux animaux ?

Voilà à peu près tout ce qu'on sait de la génération. Que les soirées qui s'attirent, qui sont faites pour s'unir ensemble et pour occuper telle ou tel lieu, se réunissent toutes selon leur nature ; et qu'ainsi se forment les yeux, le cœur, l'estomac et enfin tout le corps, comme de grands hommes l'ont écrit, cela est possible. Mais, comme l'expérience nous abandonne au milieu de ces subtilités, je ne supposerai rien, regardant tout ce qui ne frappe pas mes sens comme un mystère impénétrable. Il est si rare que les deux semences se rencontrent dans le congrès, que je serais tenté de croire que la semence de la femme est inutile à la génération.

Mais comment en expliquer les phénomènes, sans ce commode rapport de parties, qui rendent si bien raison des ressemblances des enfants, tantôt au père, et tantôt à la

sommet de nos têtes se trouvent des cheveux à la place desquels les plantes ont des feuilles et des fleurs ; partout se montre le même luxe de la nature, et enfin le principe directeur des plantes est placé là où nous avons notre âme, cette autre quintessence de l'homme.

Telle est l'uniformité de la nature dont nous commençons à nous rendre compte ; et l'analogie de l'animal avec le règne végétal, de l'homme avec la plante. Peut-être existe-t-il même des plantes animales qui, en végétant, soit combattent comme le font les polypes, soit remplissent d'autres fonctions caractéristiques des animaux.

mère ? D'un autre côté, l'embarras d'une explication doit-elle contrebalancer un fait ? Il me parait que c'est le mâle qui fait tout, dans une femme qui dort, comme dans la plus lubrifiant. L'arrangement des fêtes serait donc fait de toute éternité dans le germe, ou dans le vers même de l'homme. Mais tout ceci est fort au-dessus de la portée des plus excellents observateurs. Comme ils n'y peuvent rien saisir, ils ne peuvent pas plus juger de la mécanique de la formation et du développement des corps, qu'une taupe du chemin qu'un cerf peut parcourir.

Nous sommes de vraies taupes dans le champ de la nature ; nous n'y faisons guère que le trajet de cet animal; et c'est notre orgueil qui donne des [illegible] bornes à ce qui n'en a point. Nous sommes dans le cas d'une montre qui ressemble: (un fabuliste en ferait un personnage de conséquence dans un ouvrage frivole) «Quoi! c'est ce sot ouvrier qui m'a fait, moi qui divise le temps ! moi qui marque si exactement le cours du soleil; moi qui répète à haute voix les heures que j'indique! non, cela ne se peut pas. Nous dédaignons de même, ingrats que nous sommes, cette mère commune de tous les *règnes*, comme parlent les chimistes. Nous imaginons ou plutôt supposons une cause supérieure à celle à qui nous devons tout, et qui a véritablement tout fait d'une manière inconcevable. Non, la matière n'a rien de vil , qu'aux yeux grossiers qui la méconnaissent dans

Nous sommes de véritables taupes dans le domaine de la nature ; nous ne faisons guère plus que le voyage de la taupe et c'est notre fierté qui prescrit des limites à l'illimité. Nous sommes dans la situation d'une montre qui devrait dire (un fable ferait d'elle un héros dans un conte niais) : « Je n'ai jamais été fait par ce sot d'ouvrier, moi qui partage le temps, qui marque si exactement le temps. cours du soleil, qui répétez à haute voix les heures que je marque ! Non! C'est impossible!" De même, nous dédaignons, misérables ingrats que nous sommes, cette mère commune de tous les royaumes, comme disent les chimistes. Nous imaginons, ou plutôt nous inférons, une cause supérieure à celle à laquelle nous devons tout, et qui a vraiment fait tout d'une manière inconcevable. Non; la matière n'a rien de bas, sauf aux yeux vulgaires qui ne la reconnaissent pas dans ses

ses plus brillants ouvrages ; et la nature n'est point une ouvrière bornée. Elle produit des millions d'hommes avec plus de facilité et de plaisir, qu'un horloger n'a de peine à faire la montre la plus composée. Sa puissance éclate également et dans la production du plus vil insecte, et dans celle de l'homme le plus superbe; le règne animal ne lui coûte pas plus que le végétal, ni le plus beau génie qu'un épi de blé. Jugeons donc par ce que nous voyons, de ce qui se dérobe à la curiosité de nos yeux et de nos recherches, et n'imaginons rien au delà . Suivons le singe, le castor, l'éléphant, etc., dans leurs opérations. S'il est évident qu'elles ne peuvent se faire sans intelligence, pourquoi la refuser à ces animaux ? et si vous leur accordez une âme, fanatiques, vous êtes perdus; vous aurez beau dire que vous ne décidez point sur sa nature, tandis que vous lui ôtez l'immortalité; qui ne voit que c'est une assertion gratuite ? qui ne voit qu'elle doit être ou mortelle, ou immortelle, | 78 | comme la nôtre, dont elle doit subir le même sort quel qu'il soit ! et qu'ainsi c'est *tomber dans Scilla pour vouloir éviter Caribde ?*

Brisez la chaîne de vos préjugés; armez-vous du flambeau de l'expérience et vous ferez à la nature l'honneur qu'elle, au mérite lieu de

œuvres les plus splendides ; et la nature n'est pas un ouvrier stupide. Elle crée des millions d'hommes, avec une facilité et un plaisir plus intenses que l'effort d'un horloger à fabriquer la montre la plus compliquée. Son pouvoir brille également dans la création de l'insecte le plus humble et dans la création de l'homme le plus développé ; le règne animal ne lui coûte pas plus que le règne végétal, et le génie le plus splendide ne lui coûte pas plus qu'un épi de blé. Jugeons donc par ce que nous voyons de ce qui est caché à la curiosité de nos yeux et de nos investigations, et n'imaginons rien au-delà. Observons le singe, le castor, l'éléphant, etc., dans leurs opérations. S'il est clair que ces activités ne peuvent être réalisées sans intelligence, pourquoi refuser l'intelligence à ces animaux ? Et si vous leur accordez une âme, vous êtes perdus, fanatiques ! Vous aurez beau dire que vous n'affirmez rien sur la nature de l'âme animale et que vous niez son immortalité. Qui ne voit que c'est une affirmation gratuite ; qui ne voit pas que l'âme d'un animal doit être ou mortelle ou immortelle, quelle que soit la nôtre, et qu'elle doit donc subir le même sort que la nôtre, quelle qu'elle soit, et qu'ainsi [en admettant que les animaux aient une âme], vous tombez sur Scylla en voulant éviter Charybde ?

Brisez la chaîne de vos préjugés, armez-vous du flambeau de l'expérience, et vous rendrez à la nature l'honneur qu'elle mérite, au rien conclure à son désavantage, de l'ignorance où elle vous a laissé. Ouvrez les yeux seulement, et laissez-là ce que vous ne pouvez comprendre ; et vous verrez que ce laboureur dont l'esprit et les lumières ne s'étendent pas plus loin que les bords de son sillon, ne différencient point essentiellement du plus grand génie, comme l'eût prouvé la dissection des cerveaux de Descartes et de Newton : vous serez persuadé que l'imbécile ou le stupide sont des bêtes à figure humaine, comme le singe plein d'esprit est un petit homme sous une autre forme; et qu'enfin tout dépendant absolument de la diversité de l'organisation, un animal bien construit, à qui on a appris l'astronomie, peut prédire une éclipse, comme la guérison ou la mort, lorsqu'il a porté quelque temps du génie et de bons yeux à l'école d'Hippocrate et au lit des malades. C'est par ce fichier d'observations et de vérités qu'on parvient à lier à la matière l'admirable propriété de penser, sans qu'on puisse voir les liens, parce que le sujet de cet attribut nous est essentiellement inconnu.

Ne disons point que toute machine, ou tout animal, périt tout-à-fait, ou prend une autre forme, après la mort ; car nous n'en savons absolument rien. Mais assurer qu'une machine immortelle est une chimère, ou un *être de raison* , c'est faire un raisonnement aussi absurde que celui qui ferait des chenilles, qui, voyant les dépouilles de leurs

lieu de rien tirer à son désavantage de l'ignorance où elle vous a laissé. Ouvrez grand vos yeux, négligez seulement ce que vous ne pouvez comprendre, et vous verrez que le laboureur dont l'intelligence et les idées ne dépassent pas les limites de son sillon, ne diffère pas essentiellement du plus grand génie, vérité que la dissection des cerveaux de Descartes et de Newton l'aurait prouvé ; vous serez persuadé que l'imbécile et le fou sont des animaux à face humaine, comme le singe intelligent est un petit homme sous une autre forme ; bref, vous apprendrez que, puisque tout dépend absolument de différence d'organisation, un animal bien construit qui a étudié l'astronomie, peut prédire une éclipse, comme il peut prédire la guérison ou la mort lorsqu'il a utilisé son génie et sa clarté de vision, car un temps, à l'école d'Hippocrate et au chevet des malades. Par cette ligne d'observations et de vérités, nous arrivons à relier l'admirable pouvoir de la pensée à la matière, sans pouvoir en voir les liens, car le sujet de cet attribut nous est essentiellement inconnu.

Ne disons pas que toute machine ou tout animal périt complètement ou prend une autre forme après la mort, car nous ne savons absolument rien à ce sujet. En revanche, affirmer qu'une machine immortelle est une chimère ou une fiction logique, c'est raisonner aussi absurdement que raisonneraient les chenilles si, voyant les peaux abandonnées de leurs semblables, [79] déploreraient amèrement le sort de leur espèce qui leur semblerait s'anéantir. L'âme de ces insectes (car chaque animal à la sienne) est trop née pour comprendre les métamorphoses de la nature. Jamais un seul des plus rusés d' entr'eux n'eût imaginé qu'il dût devenir papillon. Il en est de même de nous. Que savons-nous plus de notre destinée, que de notre origine ? Soumettons-nous donc à une ignorance invincible de laquelle dépend notre bonheur.

Qui pensera ainsi, sera sage, juste, tranquille sur son sort, et par conséquent heureux. Il attendra la mort, sans la craindre, ni la désirer ; et chérissant la vie, comprenant à peine comment le dégoût vient corrompre un cœur dans ce lieu plein de délices; plein de respect pour la nature, plein de reconnaissance, d'attachement et de tendresse, à proportion du sentiment et des bienfaits qu'il en a reçus, heureux enfin de la sentir, et d'être au charmant spectacle de l'univers, il ne le détruira certainement jamais dans soi, ni dans les autres. Que dis- je! plein d'humanité, il en aimera le caractère jusques dans ses ennemis. Jugez comme il traitera les autres ! Il plaindra les vicieux, sans les cheveux ; ce ne sera à ses yeux que des hommes contrefaits. Mais en faisant grâce aux défauts de la conformation de l'esprit et du corps, il n'en admira pas moins leurs

congénères, elles déploraient amèrement le sort de leurs semblables. espèces, ce qui, à leurs yeux, ne servirait à rien. L'âme de ces insectes (car chaque animal a la sienne) est trop limitée pour comprendre les métamorphoses de la nature. Jamais un des plus habiles d'entre eux n'aurait pu imaginer qu'il était destiné à devenir papillon. C'est la même chose chez nous. Que savons-nous de plus de notre destin que de notre origine ? Soumettons-nous donc à une ignorance invincible dont dépend notre bonheur.

Celui qui pense ainsi sera sage, juste, tranquille sur son sort, et donc heureux. Il attendra la mort sans crainte ni désir, et chérira la vie (comprenant à peine comment le dégoût peut corrompre un cœur dans ce lieu aux multiples délices) ; il sera rempli de respect, de gratitude, d'affection et de tendresse pour la nature, en proportion du sentiment qu'il aura des bienfaits qu'il en a reçus ; il sera heureux enfin de sentir la nature et d'assister au spectacle enchanteur de l'univers, et il ne détruira sûrement jamais la nature ni en lui ni chez les autres. Plus que ça! Plein d'humanité, cet homme aimera le caractère humain même chez ses ennemis. Jugez comment il traitera les autres. Il aura pitié des méchants sans les haïr ; à ses yeux, ils ne seront que des hommes mal faits. Mais en pardonnant les défauts de la structure de l'esprit et du corps, il n'en admirera pas moins les beautés et les vertus de l'un et de l'autre.

beautés et leurs vertus. Ceux que la nature aura favorisés lui paraîtront mériter plus d'égards que ceux qu'elle aura traités en marâtre. C'est ainsi qu'on a vu que les dons naturels, la source de tout ce qui s'acquiert, se trouvent dans la bouche et le cœur du matérialiste des hommages que tout autre leur refuse injustement. Enfin le matérialiste convaincu, quoi que murmure sa propre vanité, qu'il n'est qu'une machine, ou un animal, ne maltraitera point ses semblables ; trop instruit sur la nature de ces actions, dont l'inhumanité est toujours proportionnée au degré d'analogie prouvée ci devant ; et ne voulant pas en un mot, suivant la loi naturelle donnée à tous les animaux, faire à autrui ce qu'il ne voudrait pas qu'il lui fît.

Conclusions donc hardiment que l'homme est une machine ; et qu'il n'y a dans tout l'univers qu'une seule substance diversement modifiée. Ce n'est point ici une hypothèse élevée à force de demandes et de suppositions : ce n'est point l'ouvrage du préjugé, ni même de ma raison seule; j'eusse dédaigné un guide que je crois si peu sûr, si mes sens portant, pour ainsi dire, le flambeau, ne m'eûssent engagé à la suivre, en l'éclairant. L'expérience m'a donc parlé pour la raison; c'est ainsi que je les ai joints ensemble.

Mais on a dû voir que je ne me suis permis le raisonnement le plus

Ceux que la nature aura favorisés lui paraîtront mériter plus de respect que ceux qu'elle aura traités en marâtre. Ainsi, comme nous l'avons vu, les dons naturels, source de toutes les connaissances, obtiennent de la bouche et du cœur du matérialiste l'hommage que tout autre penseur leur refuse injustement. Bref, le matérialiste, convaincu, malgré les protestations de sa vanité, qu'il n'est qu'une machine ou un animal, ne maltraitera pas son espèce, car il connaîtra trop bien la nature de ces actes, dont l'humanité est toujours en danger. proportionnellement au degré de l'analogie prouvée ci-dessus [entre les êtres humains et les animaux] ; et suivant la loi naturelle donnée à tous les animaux, il ne voudra pas faire aux autres ce qu'il ne voudrait pas qu'on lui fasse.

Concluons donc hardiment que l'homme est une machine, et que dans tout l'univers il n'y a qu'une seule substance différemment modifiée. Il ne s'agit pas d'une hypothèse formulée à force de postulats et d'hypothèses ; ce n'est pas l'œuvre de préjugés, ni même de ma seule raison ; J'aurais dédaigné un guide que je crois si peu digne de confiance, si mes sens, portant pour ainsi dire une torche, ne m'avaient engagé à suivre la raison en éclairant eux-mêmes le chemin. L'expérience m'a donc parlé en faveur de la raison ; et c'est ainsi que j'ai combiné les deux.

Mais il a fallu remarquer que je ne me suis permis aucun raisonnement rigoureux et le plus immédiatement tiré, qu'à la suite d'une multitude d'observations physiques qu'aucun savant ne contestera ; et c'est encore eux seuls que je reconnais pour juger des conséquences que j'en tire; récusant ici tout homme à préjugés, et qui n'est ni anatomiste, ni au fait de la seule philosophie qui soit ici de mise, celle du corps humain. Que pourrait contre un chêne aussi ferme et solide ces faibles roseaux de la théologie, de la métaphysique et des écoles ; armes puériles, semblables aux fleurets de nos salles, qui peuvent bien donner le plaisir de l'escrime, mais jamais entamer son adversaire. Faut-il dire que je parle de ces idées creuses et triviales, de | 81 | ces raisonnements rebattus et pitoyables, qu'on fera sur la prétendue incompatibilité de deux substances qui se touchent et se remuent sans cesse l'une et l'autre , tant qu'il restera l'ombre du préjugé ou de la superstition sur la terre ? Voilà mon système, ou plutôt la vérité, si je ne me trompe fort. Elle est courte et simple. Dispute à présent qui voudrait! | 83 |

même le plus vigoureux et le plus immédiatement déduit, sauf à la suite d'une multitude d'observations qu'aucun savant ne contestera ; et d'ailleurs, je ne reconnais que les savants pour juges des conclusions que je tire des observations ; et je défie par la présente tout homme ayant des préjugés qui n'est ni anatomiste, ni au courant de la seule philosophie qui puisse être considérée ici, celle du corps humain. Contre un chêne si fort et si solide, à quoi pourraient servir les faibles roseaux de la théologie, de la métaphysique et des écoles, ces bras enfantins, comme nos fleurets de salon, qui peuvent bien donner le plaisir de l'escrime, mais ne peuvent jamais blesser un adversaire. . Ai-je besoin de dire que je fais référence aux notions vides et triviales, aux arguments pitoyables et banals qui seront avancés (aussi longtemps que l'ombre du préjugé ou de la superstition demeure sur terre) pour la prétendue incompatibilité de deux substances qui se rencontrent et se meuvent l'une l'autre. autre sans cesse ? Tel est mon système, ou plutôt la vérité, à moins que je ne me trompe beaucoup. C'est court et simple. Contestez-le maintenant, qui le fera.

---

1 Il pêche évidemment par une pétition de principe .

2 L'histoire des animaux et des hommes prouve l'empire de la

1 Il se trompe évidemment en posant la question.

2 L'histoire des animaux et des hommes prouve comment l'esprit et

semence des pères sur l'esprit et le corps des enfants.

3 L'auteur de l'Histoire naturelle de l'âme etc.

4 L'auteur de l'Hist . de l'âme .

5 Il y a encore aujourd'hui des peuples , qui, faute d'un plus grand nombre de signes , ne peuvent compter que jusqu'à 20.

6 Dans un cercle, ou à table, il lui il fallait toujours un rempart de chaises, ou quelqu'un dans son voisinage du côté gauche, pour l'empêcher de voir des abîmes épouvantables dans lesquels il craignait quelquefois de tomber , quelque connaître qu'il eu de ces illusions. Quel effrayant effet de l'imagination , ou dune circulation singulière dans un lobe du cerveau ! Grand homme d'un côté , il était à moitié fou de l'autre . La folie et la sagesse avaient chacun leur département , ou leur *lobe* , séparé par la *faux* . De quel côté de Port-Royal ? I have lu ce fait dans un extrait du *traité du vertige* de M. de la Mettrie .

7 Au moins par les vaisseaux . Est-il sûr qu'il New York en un point par les nerfs ?

8 Haller dans les *Transact. Philosophe* .

9 Boerhaave , *Inst. Méd.* et tant d'autres .

le corps des enfants sont dominés par l'héritage de leurs pères.

3 L'auteur de « L'histoire naturelle de l'âme ».

4 L'auteur de « L'Histoire de l'âme ».

5 Il y a des peuples, encore aujourd'hui, qui, faute d'un plus grand nombre de signes, ne savent compter que jusqu'à 20.

6 Dans une compagnie ou à table, il lui fallait toujours un rempart de chaises ou bien quelqu'un près de lui à gauche, pour l'empêcher de voir d'horribles abîmes dans lesquels (bien qu'il comprenne ces illusions) il craignait parfois de se jeter. automne. Quel effroyable résultat de l'imagination ou de la circulation particulière dans un lobe du cerveau ! Grand homme d'un côté de sa nature, de l'autre il était à moitié fou. Folie et sagesse, chacune avait son compartiment, ou son lobe, les deux séparés par une fissure. Quel était le côté par lequel il était si fortement attaché à messieurs de Port-Royal ? (J'ai lu cela dans un extrait du traité sur le vertige de M. de la Mettrie .)

7 Haller dans la *transaction* . *Philosophe* .

L'HISTOIRE NATURELLE DE L'ÂME.

PAR JEAN OFFRAY DE LA METTRIE.

EXTRAITS.

CHAPITRE II. CONCERNANT LA QUESTION.

Tous les philosophes qui ont examiné attentivement la nature de la matière, considérée en elle-même, indépendamment de toutes les formes qui constituent les corps, ont découvert dans cette substance diverses propriétés procédant d'une essence absolument inconnue. Tels sont : (1) la capacité de prendre différentes formes, qui sont produites dans la matière elle-même, par lesquelles la matière peut acquérir la force motrice et la faculté de sentir ; (2) l'étendue réelle, que ces philosophes ont reconnue à juste titre comme un attribut, mais non comme l'essence de la matière.

Cependant il y en a eu, entre autres Descartes, qui ont insisté pour réduire l'essence de la matière à la simple étendue, et pour limiter toutes les propriétés de la matière à celles de l'étendue ; mais cette opinion a été rejetée par tous les autres philosophes modernes, [...] de sorte que le pouvoir d'acquérir une force motrice, et la faculté de sentir ainsi que celle d'étendue, ont été de tous temps considérés comme des propriétés essentielles de la matière.

Toutes les diverses propriétés qu'on observe dans ce principe inconnu démontrent un être dans lequel ces mêmes propriétés existent, un être qui doit donc exister par lui-même. Mais on ne peut concevoir, ou plutôt cela semble impossible, qu'un être qui existe par lui-même ne puisse ni se créer ni s'anéantir. Il est évident que seules les formes auxquelles ses propriétés essentielles le rendent susceptible peuvent être à leur tour détruites et reproduites. Ainsi, l'expérience nous oblige-t-elle à avouer que rien ne peut sortir de rien.

Tous les philosophes qui n'ont pas connu la lumière de la foi ont pensé que ce principe substantiel des corps existait et existera pour toujours, et que les éléments de la matière ont une solidité indestructible qui interdit la crainte que le monde ne s'effondre. La plupart des philosophes chrétiens reconnaissent aussi que le principe substantiel des corps existe nécessairement par lui-même, et que la puissance de commencer ou de finir ne s'accorde pas avec sa nature. On constate que ce point de vue est soutenu par un auteur du siècle dernier qui enseignait la théologie à Paris.

CHAPITRE III. CONCERNANT L'EXTENSION DE LA MATIÈRE.

Bien que nous n'ayons aucune idée de l'essence de la matière, nous ne pouvons refuser d'admettre l'existence des propriétés que nos sens y découvrent.

J'ouvre les yeux, et je ne vois autour de moi que la matière, ou l'étendue. L'étendue est donc une propriété qui appartient toujours à toute matière, qui ne peut appartenir qu'à la matière, et qui est donc inséparable de la substance de la matière.

Cette propriété présuppose trois dimensions dans la substance des corps, longueur, largeur et profondeur. En vérité, si nous consultons nos connaissances, qui s'acquièrent entièrement des sens, nous ne pouvons concevoir la matière, ni la substance des corps, sans avoir l'idée d'un être à la fois long, large et profond ; parce que l'idée de ces trois dimensions est nécessairement liée à notre idée de chaque grandeur ou quantité.

Les philosophes qui ont le plus médité sur la matière n'entendent pas par extension de cette substance une extension solide composée de parties distinctes, capables de résistance. Rien n'est uni, rien n'est divisé dans cette extension ; car il faut qu'il y ait une force qui sépare pour diviser, et une autre force pour unir les parties divisées. Mais de l'avis de ces philosophes physiques, la matière n'a pas de force réellement active, parce que toute force ne peut provenir que du mouvement, ou de quelque impulsion ou tendance au mouvement, et ils ne reconnaissent dans la matière, dépouillé de toute forme par abstraction, qu'un pouvoir mobile potentiel. forcer.

Cette théorie est difficile à concevoir, mais étant donné ses principes, elle est rigoureusement vraie dans ses conséquences. C'est une de ces vérités algébriques auxquelles l'esprit croit plus facilement qu'il ne le conçoit.

L'étendue de la matière n'est donc qu'une extension métaphysique, qui, selon l'idée de ces mêmes philosophes, ne présente rien qui puisse affecter nos sens. Ils pensent à juste titre que seule une extension solide peut impressionner nos sens. Il nous semble donc que l'étendue est un attribut qui constitue une partie de la forme métaphysique, mais nous sommes loin de penser que l'étendue en constitue l'essence.

Cependant, avant Descartes, certains anciens faisaient que l'essence de la matière consistait en une extension solide. Mais cette opinion, dont tous les cartésiens ont fait grand cas, a toujours été combattue victorieusement par des raisons claires, que nous exposerons plus tard, car l'ordre exige qu'on examine d'abord à quoi peuvent se réduire les propriétés de l'étendue.

CHAPITRE V. CONCERNANT LA FORCE MOUVANTE DE LA MATIÈRE.

Les anciens, persuadés qu'il n'y a pas de corps sans force motrice, considéraient la substance des corps comme composée de deux attributs primitifs. On a soutenu que, par l'un de ces attributs, cette substance a la capacité de se déplacer et, par l'autre, la capacité d'être déplacée. [88] En effet, il est impossible de ne pas concevoir ces deux attributs dans tout corps en mouvement, à savoir la chose qui meut et la même chose qui est mue.

On vient de dire qu'autrefois le nom de matière était donné à la substance des corps, en tant qu'elle est susceptible d'être mue. Lorsqu'elle était capable de bouger, cette même matière était connue sous le nom de « principe actif »... . Mais ces deux attributs semblent dépendre si essentiellement l'un de l'autre que Cicéron, pour mieux exprimer cette union essentielle et primitive de la matière avec son principe moteur, dit que l'un se trouve dans l'autre. Cela exprime très bien l'idée des anciens.

Il ressort de là que les écrivains modernes ne nous ont donné qu'une idée inexacte de la matière en essayant (par une confusion mal comprise) de donner ce nom à la substance des corps. Car, encore une fois, la matière, ou principe passif de la substance des corps, ne constitue qu'une partie de cette substance. Il n'est donc pas surprenant que ces penseurs modernes n'aient pas découvert dans la matière la force motrice et la faculté de sentir.

Il me semble qu'il devrait maintenant être évident au premier coup d'œil que s'il y a un principe actif, il doit avoir, dans l'essence inconnue de la matière, une autre source que l'étendue. Cela prouve que la simple extension ne parvient pas à donner une idée adéquate de l'essence complète ou de la forme métaphysique de la substance des corps, et que cet échec est dû uniquement au fait que l'extension exclut l'idée de toute activité dans la matière. Donc, si l'on démontre ce principe moteur, si l'on montre que la matière, loin d'être aussi indifférente qu'on le croit au mouvement et au repos, doit être considérée comme une substance active aussi bien que passive, quelle ressource peut-il être laissé à ceux qui ont fait que son essence consiste dans l'extension ?

Les deux principes dont nous venons de parler, l'étendue et la force motrice, ne sont donc que des virtualités de la substance des corps ; car de même que cette substance est susceptible de mouvement, sans être réellement mue, elle a aussi toujours, même lorsqu'elle ne se meut pas , la faculté de se mouvoir spontanément.

Les anciens ont remarqué avec raison que cette force motrice n'agit dans la substance des corps que lorsque la substance se manifeste sous certaines formes ; ils ont aussi observé que les différents mouvements qu'elle produit sont tous soumis à ces différentes formes ou réglés par elles. C'est pourquoi les formes à travers lesquelles la substance des corps peut non seulement se déplacer, mais aussi se déplacer de différentes manières, ont été appelées formes matérielles.

Une fois que ces premiers maîtres eurent jeté les yeux sur tous les phénomènes de la nature, ils découvrirent dans la substance des corps le pouvoir de se mouvoir. En effet, ou bien cette substance se meut elle-même, ou bien, lorsqu'elle est en mouvement, le mouvement lui est communiqué par une autre substance. Mais peut-on voir autre chose dans cette substance que la substance elle-même en action ? et si quelquefois il semble recevoir un mouvement qu'il n'a pas, reçoit-il ce mouvement d'une autre cause que cette même espèce de substance, dont les parties agissent les unes sur les autres ?

Si donc on en déduit un autre agent, je demande quel agent, et j'exige des preuves de son existence. Mais comme personne n'a la moindre idée d'un tel agent, ce n'est même pas une entité logique. Il est donc clair que les anciens ont dû reconnaître facilement une force de mouvement intrinsèque à la substance des corps, puisqu'en fait il est impossible de prouver ou de concevoir aucune autre substance agissant sur elle.

Descartes, génie fait pour ouvrir des voies nouvelles et s'y égarer, supposait avec quelques autres philosophes que Dieu est la seule cause efficace du mouvement, et qu'à chaque instant il communique le mouvement à tous les corps. Mais cette opinion n'est qu'une hypothèse qu'il a essayé d'ajuster à la lumière de la foi ; et ce faisant, il ne cherchait plus à parler en philosophe ou aux philosophes. Surtout, il ne s'adressait pas à ceux qui ne peuvent être convaincus que par la force de l'évidence.

Les scolastiques chrétiens des derniers siècles ont ressenti toute la force de cette réflexion ; c'est pourquoi ils se sont sagement limités à une connaissance purement philosophique du mouvement de la matière, bien qu'ils auraient pu montrer que Dieu lui-même disait qu'il avait « imprimé un principe actif dans les éléments de la matière (Gen. I ; Is. lxvi) . »

On pourrait ici dresser une longue liste d'autorités, et prendre des professeurs les plus célèbres la substance de la doctrine de tous les autres ; mais il est assez clair, sans mélange de citations, que la matière contient cette force motrice qui l'anime et qui est la cause immédiate de toutes les lois du mouvement.

CHAPITRE VI. CONCERNANT LA FACULTÉ SENSIBLE DE LA MATIÈRE.

Nous avons parlé de deux attributs essentiels de la matière, dont dépendent la plupart de ses propriétés, savoir l'extension et la force motrice. Il ne nous reste plus qu'à prouver un troisième attribut : je veux dire la faculté de sentir que les philosophes de tous les siècles ont trouvée dans cette même substance. Je dis tous les philosophes, quoique je n'ignore pas tous les efforts que les cartésiens ont faits, en vain, pour priver la matière de cette faculté. Mais pour éviter des difficultés insurmontables, ils se sont jetés dans un labyrinthe dont ils ont cru sortir par ce système absurde « selon lequel les animaux sont de pures machines ». [89]

Une opinion aussi absurde n'a jamais été admise parmi les philosophes, sauf comme jeu d'esprit ou comme passe-temps philosophique. C'est pour cette raison que nous ne nous arrêterons pas à le réfuter. L'expérience ne nous donne pas moins de preuves de la faculté de sentir chez les animaux que de sentir chez les hommes.

Surgit une autre difficulté qui concerne plus près notre vanité : c'est l'impossibilité de concevoir cette propriété comme une dépendance ou un attribut de la matière. N'oublions pas que cette substance ne nous révèle que des caractères ineffables. Comprenons-nous mieux comment l'étendue dérive de son essence, comment elle peut être mue par une force primitive dont l'action s'exerce sans contact, et mille autres miracles si cachés au regard des yeux les plus pénétrants, que (pour paraphraser l'idée d'un illustre écrivain moderne) ne dévoilent-ils que le rideau qui les cache ?

Mais ne pourrait-on pas supposer, comme quelques-uns l'ont supposé, que le sentiment qui s'observe dans les corps animés, puisse appartenir à un être distinct de la matière de ces corps, à une substance d'une autre nature qui leur est unie ? La lumière de la raison nous permet-elle d'admettre de bonne foi de telles conjectures ? Nous ne connaissons dans les corps que la matière, et nous n'observons la faculté de sentir que dans les corps : sur quelle base pouvons-nous donc ériger un être idéal, désavoué par toutes nos connaissances ?

Cependant il faut admettre avec la même franchise que nous ignorons si la matière a en elle-même la faculté de sentir, ou seulement le pouvoir de l'acquérir par les modifications ou les formes auxquelles la matière est susceptible ; car il est vrai que cette faculté de sentir n'apparaît que dans les corps organiques.

Il s'agit donc d'une autre faculté nouvelle qui pourrait n'exister que potentiellement dans la matière, comme toutes les autres qui ont été mentionnées ; et c'était l'hypothèse des anciens, dont la philosophie, pleine de perspicacité et de pénétration, mérite d'être élevée au-dessus des ruines de la philosophie des modernes. C'est en vain que ces derniers dédaignent les sources trop éloignées d'eux. La philosophie antique tiendra toujours sa place parmi ceux qui sont dignes de la juger, parce qu'elle forme (du moins par rapport au sujet dont je traite) un système solide et bien articulé comme le corps, alors que tous ces membres épars de la philosophie moderne ne forme aucun système.

ANNEXE.

APERÇUS ET NOTES.
PAR GERTRUDE CARMAN BUSSEY.

LA RELATION DE LA METTRIE AVEC SES PRÉDÉCESSEURS ET AVEC SES SUCCESSEURS.

I. La relation historique de La Mettrie avec *René* Descartes (1596-1650).

La source la plus directe de l'œuvre de La Mettrie , si l'on met de côté l'aspect physiologique de son système, se trouve dans la philosophie de Descartes. En fait , il semble parfois que le matérialisme de La Mettrie soit né de son insistance sur le caractère contradictoire du système dualiste de Descartes. Il critique l'affirmation de Descartes selon laquelle le corps et l'âme sont absolument indépendants et s'efforce de montrer la dépendance de l'âme à l'égard du corps. Pourtant, si le système de La Mettrie peut s'opposer à celui de Descartes 1 d'un point de vue, d'un autre point de vue il semble en être une conséquence directe. La Mettrie lui-même reconnaît cette relation et estime que sa doctrine selon laquelle l'homme est une machine est une inférence naturelle de l'enseignement de Descartes selon lequel les animaux ne sont que de simples machines. 2 De plus, La Mettrie poursuit la conception de Descartes du corps comme machine, et nombre de ses discussions détaillées sur la machinerie du corps semblent avoir été tirées de Descartes.

Il convient de noter que La Mettrie a rendu justice à Descartes et a compris combien tous les philosophes lui devaient. Il insistait en outre sur le fait que les erreurs de Descartes étaient dues à son incapacité à suivre sa propre méthode. 3 Pourtant, la méthode de La Mettrie était différente de celle de Descartes, car La Mettrie était un empiriste 4 sans tendance rationaliste. En ce qui concerne la doctrine : La Mettrie différait de Descartes dans son opinion sur la matière. Comme il ne croyait à aucune réalité spirituelle, il a donné à la matière les attributs du mouvement et de la pensée, tandis que Descartes insistait sur le fait que le seul attribut de la matière est l'étendue. 5 C'était une conséquence naturelle de l'incrédulité de La Mettrie en la substance spirituelle qu'il pouvait mettre en doute l'existence de Dieu. 6 En revanche, la croyance en Dieu était l'un des fondements du système de Descartes. La Mettrie a essayé de montrer que la croyance de Descartes en une âme et en Dieu n'avait pour but que de cacher sa véritable pensée aux prêtres et de se sauver de la persécution. 7

IIa . La ressemblance de La Mettrie avec les matérialistes anglais Thomas Hobbes (1588-1679) et John Toland (1670-1721).

L'influence de Descartes sur La Mettrie ne peut être mise en doute mais il est plus difficile d'évaluer l'influence sur lui des philosophes matérialistes. Hobbes publia « Le Léviathan » en 1651 et « De Corpore » en 1655. Ainsi écrivait-il environ un siècle avant La Mettrie , et comme le XVIIIe siècle fut un siècle où l'influence de l'Angleterre sur la France fut très grande, il est facile de supposer que La Mettrie avait lu Hobbes. Si tel est le cas, il a dû tirer de lui de nombreuses idées. L'étendue de cette influence est cependant inconnue, car La Mettrie cite rarement, voire jamais, Hobbes, ou attribue l'une de ses doctrines à Hobbes.

En premier lieu, Hobbes et La Mettrie sont tous deux de purs matérialistes. Ils croient tous les deux que le corps est la seule réalité et que tout ce qui est spirituel est inimaginable. 8 Par ailleurs, leurs conceptions de la matière sont très similaires. Selon La Mettrie , la matière contient la faculté de sensation et la puissance de mouvement ainsi que la qualité d'extension. Hobbes partage cette même conception de la matière, car il attribue spécifiquement l'extension et le mouvement à la matière, puis réduit la sensation à une sorte de mouvement interne. 10 Ainsi la sensation peut aussi être un attribut de la matière. De plus, Hobbes et La Mettrie sont d'accord sur de nombreux points mineurs, et La Mettrie développe beaucoup de choses suggérées dans Hobbes. Ils croient tous deux que les passions dépendent des conditions corporelles. 11 Ils s'accordent sur la conviction que toutes les différences chez les hommes sont dues à des différences dans la constitution et l'organisation de leur corps. 12 Ils discutent tous deux de la nature et de l'importance du langage. 13

Hobbes diffère de La Mettrie en affirmant que nous pouvons être sûrs que Dieu existe en tant que cause de ce monde. 14 Cependant, même s'il pense qu'il est possible de savoir que Dieu existe, il ne croit pas que nous puissions connaître sa nature.

La Mettrie peut être considéré comme l'application d'un système comme celui de Hobbes au problème spécial de la relation de l'âme et du corps chez l'homme ; car s'il n'y a rien dans l'univers que de la matière et du mouvement, il s'ensuit inévitablement que l'homme n'est qu'une machine très compliquée.

Il y a aussi une grande similitude entre la doctrine de La Mettrie et celle de Toland. Il est intéressant de noter les points de ressemblance et de différence. Les « Lettres à Serena » de Toland, qui contiennent une grande partie de son enseignement philosophique, ont été publiées en 1704. Il est donc possible que La Mettrie les ait lues et en ait tiré quelques suggestions.

Le point le plus souligné dans l'enseignement de Toland15 est que le mouvement est un attribut de la matière. Il argumente en faveur de cette croyance en se fondant sur le fait que la matière doit être essentiellement active pour subir des changements16, et que la conception de l'inertie de la matière est basée sur la conception du repos absolu, et que ce repos absolu est introuvable. Puisque le mouvement est essentiel à la matière, il n'est pas nécessaire, estime Toland, de rendre compte du début du mouvement. Ceux qui ont considéré la matière comme inerte ont dû trouver une cause efficace de mouvement, et pour ce faire, ils ont soutenu que toute la nature est animée. Mais cette prétendue animation est totalement inutile, puisque la matière est elle-même dotée de mouvement. 18 La ressemblance avec La Mettrie est évidente. La Mettrie s'oppose également à la doctrine de l'animation de la matière et à la croyance en une cause extérieure du mouvement. 19 Pourtant, il ressent le besoin de postuler un début de mouvement 20 et, bien qu'il utilise cette conception si librement, il n'est pas d'accord avec Toland selon lequel la nature du mouvement est connue. Il estime qu'il est impossible de connaître la nature du mouvement21, tandis que Toland estime que la nature du mouvement va de soi. 22

Un autre point de contraste entre Toland et La Mettrie réside dans leurs doctrines sur Dieu. Toland croit que Dieu, « un pur esprit ou être immatériel », est nécessaire à son système23, tandis que La Mettrie remet en question l'existence de Dieu et insiste sur le fait que l'immatérialité et la spiritualité sont de beaux mots que personne ne comprend.

Il faut admettre, en vérité, que La Mettrie et Toland ont des intérêts et des points de vue différents. Toland s'intéresse à découvrir la nature essentielle de la matière, tandis que le problème de La Mettrie est de trouver la relation spécifique entre le corps et l'esprit. Sur cette relation, il construit tout son système.

b. La relation de La Mettrie avec un sensationnaliste anglais : John Locke (1632-1704).

L'Essai sur la compréhension humaine de Locke fut publié en 1690 et La Mettrie , comme la plupart des Français cultivés du siècle des Lumières, fut influencé par son enseignement. Le principal accord entre Locke et La Mettrie réside dans leur doctrine selon laquelle toutes les idées dérivent de la sensation. Tous deux s'opposent vigoureusement à la croyance aux idées innées24, enseignant que même nos idées les plus complexes et les plus abstraites s'acquièrent par la sensation. Mais La Mettrie ne suit pas Locke dans l'analyse de ces idées et dans la conclusion que de nombreuses qualités sensibles des objets — telles que les couleurs, les sons, etc. — n'ont aucune existence en dehors de l'esprit. Il rejette la doctrine de Locke sur les substances spirituelles26 et s'oppose à l'enseignement théiste de Locke, en insistant, d'autre part, sur l'aveu de Locke de la possibilité que « l'être pensant puisse aussi être matériel ». 27

IIIa. La ressemblance, probable mais méconnue, avec La Mettrie , des sensationnalistes français Etienne Bonnot de Condillac (1715-1780) et Claude Adrien Helvetius (1715-1771).

« Traité des sensations » de Condillac a été publié une dizaine d'années après « L'histoire naturelle de l'âme » de La Mettrie , et il est donc probable que Condillac ait lu cet ouvrage et en ait tiré quelques idées. Pourtant Condillac ne mentionne jamais le nom de La Mettrie ni ne cite ses doctrines. Cette omission peut s'expliquer par le fait que les travaux de La Mettrie avaient été tellement condamnés que les philosophes ultérieurs souhaitèrent cacher la similitude de leurs doctrines avec les siennes. Que les sensationnalistes aient été influencés par ses enseignements ou non, il y a une telle similitude dans leurs enseignements que La Mettrie peut bien être considéré comme l'un des premiers sensationnalistes français ainsi que l'un des principaux matérialistes français de l'époque.

Condillac et La Mettrie s'accordent sur le fait que l'expérience est la source de toute connaissance. Comme le suggère Lange28, le développement de la raison par La Mettrie à partir de l'imagination a peut-être suggéré à Condillac la manière de développer toutes les facultés à partir de l'âme. La Mettrie affirme que la raison n'est que l'âme sensible qui contemple ses idées, et que l'imagination joue tous les rôles de l'âme, tandis que Condillac élabore la même idée et montre avec force détails comment toutes les facultés de l'âme ne sont que des modifications de la sensation. 29

La Mettrie et Condillac croient qu'il n'y a pas de gouffre entre l'homme et les animaux inférieurs ; mais cela conduit à un point de désaccord entre les deux philosophes, car Condillac nie absolument que les animaux puissent être de simples machines30 , et nous devons supposer qu'il s'opposerait d'autant plus ardemment à l'enseignement selon lequel l'homme n'est qu'une machine compliquée ! Condillac enfin, contrairement à La Mettrie , croit à l'existence de Dieu. Un dernier point de contraste concerne également la théologie des deux écrivains. La Mettrie insiste sur le fait que nous ne pouvons pas être sûrs qu'il y ait un but dans le monde, tandis que Condillac affirme que nous pouvons discerner l'intelligence et le dessein dans tout l'univers. 31

Comme La Mettrie et Condillac , Helvétius enseigne que toutes les facultés de l'esprit peuvent se réduire à la sensation. 32 Contrairement à La Mettrie , il distingue spécifiquement l'esprit de l'âme et décrit l'esprit comme un produit développé ultérieurement de l'âme ou de la faculté de sensation. 33 Cette idée a peut-être été suggérée par l'affirmation de La Mettrie selon laquelle la raison est une modification de la sensation. Helvétius, cependant, contrairement à La Mettrie , ne décide pas clairement que la sensation n'est que le résultat de conditions corporelles, et il admet que la sensation peut être une modification d'une substance spirituelle. 34 De plus, il prétend que le climat et la nourriture n'ont aucun effet sur l'esprit, et que la supériorité de l'entendement ne dépend pas de la force du corps et de ses organes. 35

La Mettrie et Helvétius se ressemblent dans la doctrine éthique. Tous deux font du plaisir et de la douleur les motifs dominants de la conduite humaine. Ils prétendent que toutes les émotions ne sont que des modifications du plaisir et de la douleur corporelles, et que par conséquent le seul principe d'action chez l'homme est le désir du plaisir et la peur de la douleur. 36

b. La ressemblance avec La Mettrie du matérialiste français, le baron Paul Heinrich Dietrich von Holbach (1723-1789).

De même que Condillac et Helvétius soulignent le sensationnalisme enseigné par La Mettrie , le livre de Holbach est une réitération et une élaboration du matérialisme exposé dans les œuvres de La Mettrie . L'enseignement de Holbach ressemble tellement à celui de La Mettrie , que la similitude ne peut guère être une coïncidence.

La Mettrie considère l'expérience comme le seul maître. Holbach s'attarde sur cette même idée et insiste sur le fait que l'expérience est notre seule source de connaissance dans tous les domaines. 37 Holbach enseigne également que l'homme est un être purement matériel. Il ne croit en aucune réalité spirituelle et fait de la matière la seule substance du monde. Il insiste aussi sur une pensée qui est une conséquence naturelle de l'enseignement de La Mettrie . La Mettrie a limité l'action de la volonté et a insisté sur le fait que la volonté dépend des conditions corporelles. Holbach va plus loin et déclare à plusieurs reprises que toute liberté est une illusion et que l'homme est contrôlé dans chaque action par une stricte nécessité. 38 Cet enseignement semble être le résultat naturel de la croyance selon laquelle l'homme est une machine.

La théologie athée de Holbach est plus extrême que celle de son prédécesseur, car La Mettrie admet que Dieu peut exister, tandis que Holbach s'oppose vigoureusement à cette possibilité. De plus, Holbach soutient l'opinion, à peine suggérée par La Mettrie , qu'une doctrine athée améliorerait la condition de l'humanité. 39 Il insiste sur le fait que l'idée de Dieu a entravé le progrès de la raison et interféré avec la loi naturelle. Holbach est en effet le seul des philosophes évoqués ici qui adopte franchement une doctrine fataliste et athée de l'univers. À ces égards, son enseignement constitue l'aboutissement du matérialisme français.

---

1 « L'histoire naturelle de l'âme », chapitres XI, VIII.

2 « L'homme-machine », p. 142. Cf. Commentaire de La Mettrie sur l'enseignement de Descartes dans « Abrégé des systèmes philosophiques », *Œuvres*, tome 2. ↑

3 « Abrégé des systèmes , Descartes », p. 6, *Œuvres Philosophiques*, Tome 2. ↑

4 « L'Homme-Machine », page 89. Cf. « L'histoire naturelle de l'âme » (ou « Traité de l'âme »), *Œuvres*, 1746, p. 229. ↑

5 Descartes, « Principes », Partie II, Prop. 4. ↑

6 « L'homme, une machine », pp. 122-126. ↑

7 *Ibid.*, p. 142. ↑

8 Hobbes, « Léviathan », Partie III, Chap. 34 ; Première partie, Chap. XII, édition publique, p. 169. ↑

9 « L'histoire naturelle de l'âme », chapitres III, V et VI. ↑

10 « Léviathan » , Partie I, Chap. I. Cf. « Concernant le corps », Partie IV, Chap. XXV, 2. ↑

11 « L'homme, une machine », pp. 90-91. ↑

12 « Léviathan », Partie I, Chap. VI, Molesworth éd., p. 40. Cf. « L'homme-machine », p. 90. ↑

13 *Ibid.*, Partie I, Chap. IV. Cf. « L'homme-machine », p. 103. ↑

14 *Ibid.*, Partie I, Chap. XII. ↑

15 « Lettres à Serena », V, p. 168. ↑

16 *Ibid.*, p. 196. ↑

17 *Ibid.*, p. 203. ↑

18 *Ibid.*, p. 199. ↑

19 « L'histoire naturelle de l'âme », Chap. V, p. 94. ↑

20 « L'homme-machine », p. 139. ↑

21 « L'homme-machine » , p. 140. ↑

22 « Lettres à Serena », V, p. 227. ↑

23 *Ibid.*, V, p. 234. ↑

24 John Locke, « Essai sur la compréhension humaine », Livre I, Livre II, Chap. Je. ↑

25 Locke, « Essai », Livre II, Chap. 8. ↑

26 *Ibid.*, Livre II, Chap. 23. ↑

27 *Ibid.* , Livre IV, Chap. 10. Pour le résumé de Locke par La Mettrie , cf. son « Abrégé des systèmes », *Œuvres* , tome 2.

28 FA Lange, « Histoire du matérialisme », Vol. II, Chap. II.

29 « Traité des sensations », Partie I.

30 « Traité des animaux », Chap. Moi, p. 454.

31 « Traité des animaux », Chap. VI, p. 577 et suiv.

32 « Traité sur l'Homme », Sect. II, Chap. Moi, p. 96.

33 *Ibid.* , secte. II, Chap. II, p. 108.

34 « Essais sur l'esprit », Essai II, Chap. Moi , p. 35.

35 « Traité sur l'Homme », Chap. XII, p. 161.

36 *Ibid.* , Chap. IX, p. 146 ; Type. VII, p. 129.

37 « Système de la nature », Vol. Moi, Chap. Moi, p. 6.

38 « Système de la nature », Vol. Moi, Chap. VI, p. 94.

39 *Ibid.* , Vol. II, Chap. XVI, p. 451, et Chap. XXVI, p. 485. Cf. « L'homme, une machine », pp. 125-126.

APERÇU DE LA DOCTRINE MÉTAPHYSIQUE DE LA METTRIE.

		pratiquement sans importance	
	b.	L'argument de la conception est inefficace contre l'hypothèse de la causalité mécanique	51 et suiv., 124 et suiv.
	c.	L'athéisme fait le bonheur	55, 126f.

---

1 Les références renvoient à des pages de ce livre. ↑

REMARQUES. 1

NOTE SUR L'ÉLOGIE DE FRÉDÉRIC LE GRAND.

Cette traduction est faite à partir du troisième volume, pp. 159 ff. des « Œuvres de Fréderic II., Roi de Prusse, Publiées du vivant de l'Auteur », Berlin, 1789.

La Mettrie fut reçu à la cour de Frédéric le Grand, alors qu'il avait été chassé de Hollande à cause de l'enseignement hérétique de « L'Homme Machine ». L'« Éloge » fut lu par Darget , le secrétaire du roi, à une séance publique de l'Académie de Berlin, à laquelle, à l'initiative de Frédéric, La Mettrie avait été admis.

Le lecteur attentif ne manquera pas de constater que l'arithmétique de Frédéric est erronée et que La Mettrie est mort à l'âge de quarante et un ans, et non de quarante-trois.

Sur certains points, peut-être, l' *Éloge* demande des éclaircissements. Coutances , comme Caen, est une ville normande. Saint-Malo se trouve, juste de l'autre côté de la frontière, en Bretagne. Le service militaire de La Mettrie était avec les Français dans les guerres de Silésie contre Marie-Thérèse. La bataille de Dettingen s'est déroulée en Bavière et a été remportée par les Autrichiens grâce à l'aide apportée par George II d'Angleterre à Marie-Thérèse. La bataille de Fontenoy aux Pays-Bas fut la seule victoire des Français dans cette guerre.

D'autres récits de la vie de La Mettrie sont :

J. Assézat , Introduction à « L'Homme Machine », Paris, 1865.

FA Lange, « Histoire du matérialisme ».

Ph. Damiron , « Histoire de la philosophie du dix-huitième siècle », Paris, 1858.

N. Quépat , « La philosophie matérialiste au XVIII [c] siècle. Essai sur La Mettrie, sa vie, et ses œuvres. « Paris, 1873.

NOTES SUR L'HOMME ET LA MACHINE.

<u>1.</u> « *La matière pourrait bien être dotée de la faculté de penser.* » Bien que La Mettrie tente « d'éviter cet écueil », en s'abstenant d'utiliser ces mots, il affirme tout au long de son œuvre que les sensations, la conscience et l'âme elle-même sont des modifications de la matière et du mouvement.

La possibilité que la matière soit dotée de la faculté de penser est niée par Elie Luzac , l'éditeur de « L'homme machine », dans son ouvrage « L'homme plus que machine ». Dans cet ouvrage, il tente de réfuter les conclusions de « L'homme machine ». Il dit : « Nous avons donc prouvé par l'idée de l'état inerte de la matière, par celle du mouvement, par celle des relations, par celle de l'activité, par celle de l'étendue, que la matière ne peut être possédée de la faculté de penser . » .... _ « Pour être bref, je dis que si, par substance matérielle, nous entendons cette matière qui tombe sous la connaissance de nos sens, et qui est douée des qualités que nous avons mentionnées, l'âme ne peut être matérielle : de sorte qu'elle doit être immatériel, et, pour la même raison, Dieu n'a pas pu donner à la matière la faculté de penser, puisqu'il ne peut accomplir de contradictions. 2

<u>2.</u> « *Comment définir un être dont la nature nous est absolument inconnue ?* » La Mettrie utilise cela comme argument contre la croyance en une âme, et pourtant il admettra plus tard que « la nature du mouvement nous est aussi inconnue que la nature de la matière ». Il est alors difficile de comprendre pourquoi il y a plus de raisons de douter de l'existence de l'esprit que de douter de l'existence de la matière. Locke explique très bien ce point. « C'est faute de réflexion que nous avons tendance à penser que nos sens ne nous montrent que des choses matérielles. Chaque acte de sensation, dûment considéré, nous donne une vision égale des deux parties de la nature, la corporelle et la spirituelle. 3 ... « Si cette notion d'esprit immatériel peut présenter peut-être quelques difficultés difficiles à expliquer, nous n'avons donc pas plus de raisons de nier ou de douter de l'existence de tels esprits que nous n'avons de nier ou de douter de l'existence de tels esprits. existence du corps parce que la notion de corps est encombrée de certaines difficultés, très difficiles et peut-être impossibles à expliquer ou à comprendre par nous. 4

<u>3.</u> « *Auteur du « Spectacle de la nature* ». « Noël Antoine Pluche (1688-1761) était un auteur janséniste. Il fut directeur du Collège de Laon, mais fut démis de ses fonctions à cause de son refus d'adhérer à la bulle « Unigenitus ». Rollin le recommande alors à Gasville , intendant de Normandie, qui lui confie l'éducation de son fils. Il s'installe finalement à Paris. Ses principales œuvres sont : « Spectacle de la nature » (Paris, 1739) ; « Mécanique des langues et l'art de les enseigner » (Paris, 1751) ; « Harmonie des Psaumes et de l'Évangile »

(Paris, 1764) ; « Concorde de la géographie des différents âges » (Paris, 1765).
5

La Mettrie décrit ainsi Pluche dans les « Essais sur l'esprit et les beaux esprits » : « Sans esprit, sans goût, c'est le pédant de Rollin. Homme superficiel, il avait besoin de l'ouvrage de M. Réaumur , dont il n'est qu'un imitateur éculé et ennuyeux dans les petites paroles plates disséminées dans ses dialogues. Il en était avec les œuvres de Rollin comme avec le Spectacle de la Nature , l'un faisait la fortune de l'autre : Gaçon louait Personne, Personne louait Gaçon , et le public les louait tous deux. 6

Cette citation de La Mettrie apparaît dans l'édition d'Assézat de « L'homme machine » de La Mettrie , publiée comme deuxième volume de la série « Singularités physiologiques » (1865). Assézat était un éditeur et écrivain français. Il fut autrefois secrétaire de la Société Anthropologique et collabora avec d'autres écrivains à la publication de « La Revue Nationale », « La Revue de Paris » et « La Pensée nouvelle ». Ses notes dans « L'Homme Machine » témoignent d'une grande connaissance des sujets physiologiques. Il avait l'intention de publier une édition complète des œuvres de Diderot, mais le surmenage a miné sa santé, de sorte qu'il n'a pas pu l'achever. 7

4. Torricelli était un physicien et mathématicien qui vécut de 1608 à 1647. Il fut un disciple de Galilée et lui servit d' assistant pendant trois mois avant la mort de Galilée. Il est ensuite nommé mathématicien grand-ducal et professeur de mathématiques à l'Académie florentine. En 1643, il fit sa découverte la plus célèbre. Il a constaté que la hauteur à laquelle un liquide s'élève dans un tube fermé dépend de la densité du liquide, et en conclut que la colonne de liquide est soutenue par la pression atmosphérique. Cette découverte éliminait l'idée obscure d'une *fuga vacui* et mettait à nu le principe sur lequel sont construits les baromètres mercuriels. Pendant longtemps, le thermomètre à mercure a été appelé « tube torricellien », et le vide que comprend le baromètre est encore connu sous le nom de « vide torricellien ». 8

5. *« Seuls les médecins ont le droit de s'exprimer sur ce sujet. »* Luzac dit : « Il est vrai que si la matérialité de l'âme était prouvée, sa connaissance serait un objet de philosophie naturelle, et l'on pourrait, avec quelque apparence de raison, rejeter tous les arguments contraires qui n'en sont pas tirés. science. Mais si l'âme n'est pas matérielle, la recherche de sa nature n'appartient pas à la philosophie naturelle, mais à ceux qui recherchent la nature de ses facultés et sont appelés métaphysiciens. » 9

6. *« L'homme est... une machine.* " Il s'agit de la première affirmation claire de cette théorie qui, comme l'indique le titre de l'ouvrage, constitue la doctrine centrale de cet ouvrage. Descartes avait fermement nié la possibilité de concevoir l'homme comme une machine. « Nous pouvons facilement

concevoir qu'une machine soit construite de telle sorte qu'elle émette des vocables, et même qu'elle en émette certains correspondant à l'action sur elle d'objets extérieurs qui provoquent un changement dans ses organes,... mais non qu'elle doive les émettre de diverses manières . afin de répondre de manière pertinente à ce qui est dit en sa présence, comme peuvent le faire les hommes du plus bas degré d'intellect. dix

7. *« Prenons donc entre nos mains le bâton de l'expérience. »* La Mettrie insiste à plusieurs reprises sur la conviction que la connaissance doit venir de l'expérience. Il confine d'ailleurs cette expérience à l'expérience sensorielle, et conclut « L'histoire naturelle de l'âme » par ces mots : « Pas de sens, pas d'idées. Moins il y a de sens : moins il y a d'idées. Aucune sensation ressentie, aucune idée. Ces principes sont la conséquence nécessaire de toutes les observations et expériences qui constituent le fondement inattaquable de ce travail.

Cette doctrine s'oppose à l'enseignement de Descartes, qui insiste sur le fait que « ni notre imagination ni nos sens ne peuvent nous donner l'assurance de quoi que ce soit sans l'intervention de notre entendement . » 11 D'ailleurs Descartes croit que les sens sont fallacieux, et que la méthode idéale pour la philosophie est une méthode correspondant à celle des mathématiques. 12 Condillac et Holbach partagent l'opinion de La Mettrie . Ainsi Condillac enseigne que l'homme n'est rien d'autre que ce qu'il est devenu par l'usage de ses sens. 13 Et Holbach dit : « Dès que nous prenons congé de l'expérience, nous tombons dans le gouffre où notre imagination nous égare. » 14

8. « Galen (Galenus) Claudius, 130 à *environ* 210 après JC Un éminent médecin et philosophe grec. Né à Pergame , Mysie , il a étudié les systèmes philosophiques platoniciens et péripatéticiens. Satyrus lui a enseigné l'anatomie. Il a beaucoup voyagé dans sa jeunesse pour parfaire son éducation. Vers 165 après JC, il s'installa à Rome et devint très célèbre en tant que chirurgien et médecin praticien , soignant la famille de Marc Aurèle. Il retourna à Pergame , mais visita probablement Rome trois ou quatre fois par la suite. Il a écrit sur la philosophie, la logique et la médecine. Beaucoup, probablement la plupart, de ses œuvres sont perdues. Il fut la seule autorité médicale pendant treize siècles, et ses services à la logique et à la philosophie furent également grands. 15

9. L'auteur de « L'histoire de l'âme » est La Mettrie lui-même.

10. Hippocrate est souvent qualifié de « père de la médecine ». Il est né à Cos en 460 avant JC. Il a étudié la médecine auprès de son père Héraclide et Hérodique de Sélymbrie ; et la philosophie sous Gorgias et Démocrite. Il fut le premier à séparer la médecine de la religion et de la philosophie. Il insistait sur le fait que les maladies devaient être traitées par le médecin, comme si elles étaient régies par des lois purement naturelles. Les Grecs avaient un tel

respect pour les cadavres qu'Hippocrate n'aurait pas pu disséquer un corps humain et, par conséquent, sa connaissance de sa structure était limitée, mais il semble avoir été un observateur aigu et habile des conditions dans le corps vivant. Il écrivit plusieurs ouvrages sur la médecine et, dans l'un d'eux, il montra les premiers principes sur lesquels doit se fonder la santé publique. Les détails de sa vie sont cachés par la tradition, mais il est certain qu'il était considéré avec un grand respect et une grande vénération par les Grecs. 16

11. « *Les différentes combinaisons de ces humeurs...* » Comparez cela avec l'affirmation de Descartes selon laquelle la différence entre les hommes vient de la différence dans la construction et la position du cerveau, qui cause une différence dans l'action des esprits animaux. 17

12. « *Cette drogue enivre, comme le vin, le café, etc., chacun dans sa mesure et selon la dose.* » Descartes parle aussi de l'effet du vin. « Les vapeurs du vin, entrant rapidement dans le sang, vont du cœur au cerveau, où elles se transforment en esprits, qui étant plus forts et plus abondants que d'habitude, sont capables de mouvoir le corps de plusieurs manières étranges. » 18

13. La citation de Pope est tirée des « Essais moraux », publiés de 1731 à 1735, Épître I, 1, 69.

14. Jan Baptista Van Helmont (1578-1644) était un médecin et chimiste flamand. Il est connu pour avoir démontré la nécessité de l'équilibre en chimie et pour avoir été parmi les premiers à utiliser le mot « gaz ». Ses œuvres ont été publiées sous le titre « Ortus Medicinae », 1648.19

15. L'auteur des « Lettres sur la physionomie » était Jacques Pernety ou Pernetti. Il naquit à Chazelle-sur-Lyon, fut quelques années chanoine à Lyon et y mourut en 1777.20

16. Boerhaave . Voir remarque 78 .

17. Pierre Louis Moreau de Maupertuis (1698-1759) était un mathématicien, astronome et philosophe français. Il soutient la théorie newtonienne contre les cartésiens. En 1740, il devient président de l'Académie de Berlin. Il fut le chef de l'expédition envoyée par Louis XV pour mesurer un degré de longitude en Laponie. Voltaire a fait la satire de Maupertuis dans la Diatribe du Docteur Akakia . 21

18. Luzac résume les faits précédents en disant : « Voici beaucoup de faits, mais que prouvent-ils ? seulement que les facultés de l'âme naissent, grandissent et acquièrent de la force à mesure que le corps ; de sorte que ces mêmes facultés sont affaiblies dans la même proportion que le corps.... Mais de toutes ces circonstances il ne s'ensuit pas que la faculté de penser soit un attribut de la matière, et que tout dépende de la manière dont notre machine Il est fait que les facultés de l'âme proviennent d'un principe de vie animale,

d'une chaleur ou force innée, d'une irritabilité des parties les plus fines du corps, d'une matière éthérée subtile qui y est répandue, ou en un mot , de toutes ces choses prises ensemble. 22

19. « *Les divers états de l'âme sont donc toujours corrélatifs à ceux du corps.* » Cette vision est diamétralement opposée à l'enseignement de Descartes, qui dit : « L'âme est d'une nature totalement indépendante du corps. » 23 Pourtant, Descartes affirme également qu'il existe un lien intime entre les deux. « L'âme raisonnable... ne peut en aucun cas être tirée du pouvoir de la matière... elle doit être expressément créée ; et il ne suffit pas qu'il soit logé dans le corps humain, exactement comme un pilote dans un navire, à moins peut-être pour en mouvoir les membres, mais... il faut qu'il soit joint et uni plus étroitement au corps, en afin d'avoir des sensations et des appétits semblables aux nôtres, et ainsi constituer un véritable homme. 23

Mettrie insiste tant . « Si libérés de nos préjugés nous souhaitons voir notre âme, ou le principe moteur qui agit en nous, nous resterons convaincus qu'elle fait partie de notre corps, qu'elle ne peut être distinguée du corps que par une abstraction, qu'elle n'est que le corps lui-même considéré relativement à quelques-unes des fonctions ou facultés auxquelles sa nature et son organisation particulière le rendent susceptible. Nous verrons que cette âme est contrainte de subir les mêmes changements que le corps, qu'elle grandit et se développe avec le corps. Enfin on ne peut s'empêcher de reconnaître qu'à certaines périodes elle montre des signes évidents de faiblesse, de maladie et de mort. .» 24

20. « Peyronie (François Gigot de la), chirurgien français, né à Montpellier, le 15 janvier 1678, décédé le 25 avril 1747. Il fut chirurgien de l'hôpital de Saint-Eloi de Montpellier et instructeur d'anatomie à la Faculté ; puis, en 1704, il servit dans l'armée. En 1717, il devient réversion du poste de premier chirurgien de Louis XV ; en 1731, intendant du palais de la Reine ; en 1735, docteur du Roi ; en 1736, premier chirurgien du roi, et chef des chirurgiens du royaume. Le plus grand mérite de La Peyronie est d'avoir fondé l'Académie de Chirurgie à Paris et d'avoir obtenu une protection particulière pour la chirurgie et les chirurgiens en France. Il écrivait peu. 25

21. « Willis, Thomas (1621-1675), médecin anglais, est né à Great Bedwin , Wiltshire, le 27 janvier 1621. Il a étudié à Christ Church, Oxford ; et lorsque cette ville était en garnison pour le roi , il portait les armes pour les royalistes. Il obtint le diplôme de licence en médecine en 1646 et, après la capitulation de la garnison, s'appliqua à l'exercice de sa profession. En 1660, peu après la Restauration, il devint professeur sedleien de philosophie naturelle à la place du Dr Joshua Cross, qui fut expulsé, et la même année il obtint le grade de docteur en physique.... Il fut l'un des premiers membres de la Royal Society, et fut élu membre honoraire du Royal College of Physicians en 1664. En

1666, ... il s'installa à Westminster, à l'invitation du Dr Sheldon, archevêque de Cantorbéry.... Il mourut à St Martin est décédé le 11 novembre 1675 et a été enterré à l'abbaye de Westminster. 26

22. « Fontenelle, Bernard le Bovier de. Né à Rouen, France, le 11 février 1657 ; décédé à Paris le 9 janvier 1757. Avocat, philosophe, poète et écrivain français. Il était le neveu (par sa mère) de Corneille, et fut « l'un des derniers des Précieux , ou plutôt l'inventeur d'une nouvelle combinaison de littérature et de galanterie qui l'exposa d'abord à pas peu de satire » (Saintsbury). Il écrit « Poésies pastorales » (1688), « Dialogues des morts » (1683), « Entretiens sur la pluralité des mondes » (1686), « Histoire des oracles » (1687), « Éloges des académiciens » (livrés 1690-1740).).” 27

23. *« En un mot, serait-il absolument impossible d'apprendre une langue au singe ? Je ne pense pas.* » Comparez avec cela la déclaration de Haeckel sur la relation entre la parole de l'homme et celle des singes. « Il est particulièrement intéressant que la parole des singes semble, en comparaison physiologique, être une étape dans la formation de la parole humaine articulée. Parmi les singes vivants, il existe une espèce indienne qui est musicale ; l' *hylobates syndactylus* chante une octave complète dans des demi-tons harmonieux parfaitement purs. Aucun philologue impartial ne peut plus hésiter à admettre que notre langage rationnel élaboré s'est développé lentement et progressivement à partir du discours imparfait de nos ancêtres simiens du Pliocène. 28

24. Johann Conrad Amman est né à Schaffhouse, en Suisse, en 1669. Après avoir obtenu son diplôme à Bâle, il a exercé la médecine à Amsterdam. Il consacra l'essentiel de son attention à l'instruction des sourds-muets. Il les enseignait en attirant leur attention sur le mouvement de ses lèvres, de sa langue et de son larynx, pendant qu'il parlait, et en les persuadant d'imiter ces mouvements. C'est ainsi qu'ils apprirent enfin à articuler des syllabes et des mots, et à parler. Dans ses ouvrages « Surdus Loquens » et « Dissertatio de Loquela », il expliqua le mécanisme de la parole et rendit publique sa méthode d'enseignement. De tous les témoignages, il semble que son succès auprès des sourds-muets ait été remarquable. Il mourut vers 1730.29

25. « ... *la grande analogie entre le singe et l'homme....* » Comparez Haeckel : « Ainsi, l'anatomie comparée prouve, à la satisfaction de tout étudiant impartial et critique, le fait significatif que le corps de l'homme et celui du singe anthropoïde sont non seulement particulièrement similaires, mais ils sont pratiquement une seule et même chose à tous égards importants. 30

26. Sir William Temple est né à Londres en 1628. Il a fréquenté le Puritan College of Emmanuel de Cambridge, mais l'a quitté sans obtenir son diplôme. Après une longue tournée sur le continent, il s'installe en Irlande en 1655. Sa carrière politique débute avec l'avènement de Charles II en 1660. Il est particulièrement connu pour avoir conclu la « Triple Alliance » entre

l'Angleterre, les Pays-Bas unis et la Suède, et pour sa part dans la réalisation du mariage de Guillaume et Marie, qui compléta l'alliance de l'Angleterre et des Pays-Bas. Temple n'avait pas autant de succès dans son travail politique dans son pays qu'à l'étranger, car il était trop honnête pour se soucier de se mêler des intrigues des affaires anglaises à cette époque. Il se retira de la politique et mourut à Moor Park en 1699.

Temple a écrit plusieurs ouvrages sur des sujets politiques. Ses « Mémoires » furent commencées en 1682 ; la première partie a été détruite avant d'être publiée, la deuxième partie a été publiée sans son consentement et la troisième partie a été publiée par Swift après la mort de Temple. Sa renommée repose davantage sur son travail diplomatique que sur ses écrits. 31

<u>27.</u> « Trembley (Abraham) naturaliste suisse, né à Genève le 3 septembre 1700, décédé à Genève le 12 mai 1784. Il fit ses études dans sa ville natale et à la Haye, où il devint précepteur du fils d'un résident anglais, et plus tard tuteur du jeune duc de Richmond, avec qui il voyagea en Allemagne et en Italie. En 1760, il obtient le poste de bibliothécaire à Genève et obtient un siège au conseil des « Deux-Cents ». Ses admirables travaux sur le serpent d'eau douce lui valurent d'être élu membre de la Royal Society de Londres et correspondant de l'Académie des sciences à Paris. De 1775 à 1782, il publia plusieurs ouvrages sur la religion naturelle et des articles sur l'histoire naturelle dans les « Philosophical Transactions », 1742-1757. Son œuvre la plus importante est « Mémoires pour servir à l'histoire d'un genre de polype d'eau douce » (Leyde, 1744 ; Paris, 2 volumes). 32

<u>28.</u> « *Qu'était l'homme avant l'invention des mots et la connaissance du langage ? Un animal.* » Comparez cela avec la déclaration de Hobbes : « L'invention la plus noble et la plus profitable de toutes les autres était celle de la parole, composée de noms ou d'appellations, et de leur connexion, ... sans laquelle il n'y avait eu parmi les hommes ni république, ni société , ni contrat, ni paix, pas plus qu'entre lions, ours et loups. 33

<u>29.</u> Fontenelle. Voir <u>note 22</u> .

<u>30.</u> « *Toutes les facultés de l'âme peuvent être correctement réduites à l'imagination pure.* » Comparez avec cette affirmation de La Mettrie dans « L'histoire naturelle de l'âme » : « Plus on étudie toutes les facultés intellectuelles, plus on reste convaincu qu'elles sont toutes incluses dans la faculté de sensation, sur laquelle elles dépend si essentiellement que sans elle, l'âme ne pourrait jamais remplir aucune de ses fonctions. 34 Cela ressemble à la doctrine de la sensation de Condillac : « Le jugement, la réflexion , les désirs, les passions, etc., ne sont que la sensation elle-même qui se transforme de diverses manières. » 35 Helvétius dit aussi : « Toutes les opérations de l'esprit se réduisent à la sensation. » 36

- 120 -

31. « *Voyez où l'on arrive par l'abus du langage et par l'emploi de ces beaux mots (spiritualité, immatérialité, etc.).* » Comparez Hobbes : « Bien que les hommes puissent assembler des mots de signification contradictoire, comme *esprit* et *incorporel* ; pourtant ils ne peuvent jamais avoir l'imagination de quoi que ce soit qui leur réponde. 37

32. « L'avantage *prééminent de l'homme est son organisme.* » Luzac dit : « Cela ne prouve pas plus que l'organisation est le principal mérite de l'homme, que la forme d'un instrument de musique constitue le principal mérite du musicien. A mesure que l'instrument est bon, le musicien charme par son art, et il en est de même de l'âme. En proportion de la santé du corps, l'âme est en meilleure condition pour exercer ses facultés. 38

33. « *Telle est, je pense, la génération de l'intelligence.* » Luzac s'oppose ainsi à cette affirmation : « Mais si la pensée et toutes les facultés de l'âme ne dépendaient que de l'organisation, comme certains le prétendent, comment l'imagination pourrait-elle tirer une longue chaîne de conséquences des objets qu'elle a embrassés ? 39

34. Le pyrrhonisme est « la doctrine de Pyrrhon d'Elis qui a été transmise principalement par son disciple Timon. Plus généralement, le scepticisme radical en général. 40

35. Pierre Bayle est né à Carlat en 1647. Bien qu'enfant de parents protestants, il fut converti par les Jésuites. Après sa reconversion au protestantisme, il fut chassé de France et se réfugia d'abord à Genève, puis en Hollande. En 1675, il devient professeur de philosophie au Collège protestant de Sedan, et en 1681 professeur de philosophie et d'histoire à Rotterdam. En 1693, il fut contraint de démissionner de son poste en raison de ses opinions religieuses.

Bayle était l'un des principaux sceptiques français de l'époque. Il était cartésien, mais il remettait en question à la fois la certitude de sa propre existence et les connaissances qui en découlent. Il a déclaré que la religion est contraire à la raison humaine, mais que cela ne détruit pas nécessairement la foi. Il distinguait non seulement la religion de la science, mais aussi de la morale, et s'opposait vigoureusement à ceux qui considéraient une certaine religion comme nécessaire à la moralité. Il n'a pas ouvertement attaqué le christianisme, mais tout ce qu'il a écrit a éveillé le doute et son travail a exercé une large influence sur le scepticisme .

Son ouvrage principal est le « Dictionnaire historique et critique », publié entre 1695 et 1697, et contenant une grande quantité de connaissances, exprimées dans un style piquant et populaire. Ce fait a rendu le livre largement lu, tant par les érudits que par les lecteurs superficiels.

36. Arnobe l'Ancien est né à Sicca Venerea en Numidie, à la fin du troisième siècle après JC. Il fut d'abord un opposant au christianisme, mais se convertit

ensuite et écrivit « Adversus Gentes » pour faire l'apologie du christianisme . Dans cet ouvrage, il tente de répondre aux plaintes formulées contre les chrétiens au motif que les désastres de l'époque étaient dus à leur impiété ; justifie la divinité du Christ; et discute de la nature de l' âme humaine. Il conclut que l'âme n'est pas immortelle, car il estime que la croyance en l'immortalité de l'âme aurait une influence néfaste sur la moralité. Pour la traduction de son œuvre, comparer Vol. XIX de la « Bibliothèque chrétienne d'Ante-Nicene ». 41

<u>37.</u> « *Il n'existe pas d'âme ni de substance sensible sans remords.* » Condillac avait dit : « Il y a quelque chose chez les animaux que le mouvement. Ce ne sont pas de pures machines : elles ressentent. 42 La Mettrie attribuait également des remords aux animaux, mais il considérait qu'ils n'en étaient pas moins des machines. Luzac dit en commentaire : « Ce qui rend ces systèmes complètement ridicules, c'est que les personnes qui prononcent hommes machines leur donnent des propriétés qui démentent leur affirmation. Si les êtres ne sont que des machines, pourquoi accordent-ils une loi naturelle, un sens interne, une sorte d'effroi ? Ce sont des idées qui ne peuvent être excitées par des objets qui opèrent sur nos sens. » 43

<u>38.</u> « *La nature nous a créés uniquement pour être heureux.* » C'est un énoncé de la doctrine, que La Mettrie » se développe dans son principal ouvrage éthique « Discours sur le Bonheur ». Il enseigne que le bonheur repose sur le plaisir et la douleur corporels. Dans « L'histoire naturelle de l'âme », La Mettrie affirme que toutes les passions peuvent se développer à partir de deux passions fondamentales, dont elles ne sont que des modifications, l'amour et la haine, ou le désir et l'aversion. 44 Comme La Mettrie , Helvétius fait du plaisir et de la douleur corporels les motifs dominants de la conduite de l'homme. Ainsi écrit-il : « Le plaisir et la douleur sont et seront toujours les seuls principes d'action chez l'homme. » 45 ... "Le remords n'est rien d'autre qu'un pressentiment d'une douleur corporelle à laquelle un crime nous a exposé." 46 Il fait définitivement du bonheur la fin de l'action humaine. « La fin de l'homme est la conservation de soi et l'acquisition d'une existence heureuse.... L'homme, pour trouver le bonheur, doit économiser ses plaisirs et refuser tous ceux qui pourraient se transformer en peines.... Les passions ont toujours du bonheur. en tant qu'objet : ils sont légitimes et naturels, et ne peuvent être qualifiés de bons ou de mauvais qu'en raison de leur influence sur les êtres humains. Pour conduire les hommes à la vertu, il faut leur montrer les avantages des actions vertueuses. Holbach , enfin, va plus loin que La Mettrie ou Helvétius et fait des impulsions purement mécaniques les mobiles de l'action de l'homme. « Les passions sont des manières d'être ou des modifications des organes internes, attirées ou repoussées par les objets, et sont par conséquent soumises à leur manière aux lois physiques d'attraction et de répulsion. » 48

39. « *Ixions du christianisme.* " Ixion, pour sa trahison, frappé de folie, fut jeté dans Erebus, où il fut continuellement flagellé alors qu'il était lié à une roue de feu, et forcé de crier : " Les bienfaiteurs doivent être honorés.

40. « *Qui peut être sûr que la raison de l'existence de l'homme n'est pas simplement le fait qu'il existe ?* » Luzac s'y oppose en disant : « Si la raison de l'existence de l'homme était dans l'homme lui-même, cette existence serait une conséquence nécessaire de sa propre nature ; de sorte que sa propre nature contiendrait la cause ou la raison de son existence. Or, puisque sa propre nature impliquerait la cause de son existence, elle impliquerait aussi son existence elle-même, de sorte que l'homme ne pourrait pas plus être considéré comme inexistant qu'un cercle sans rayons ou un tableau sans traits ni proportions. ... Si l'existence de l'homme était dans l'homme lui-même, il serait alors un être invariable. 49

41. « Fénelon (François de Salignac de la Mothe- Fénelon), né au Château de Fénelon , Dordogne, France, le 6 août 1651, décédé à Cambrai, France, le 7 janvier 1715. Célèbre prélat, orateur et auteur français . Il devint précepteur des fils du dauphin en 1689, et fut nommé archevêque de Cambrai en 1695. Ses ouvrages comprennent « Les aventures de Télémaque » (1699), « Dialogues des morts » (1712) , « Traité de l'éducation des filles ' (1688), ' Explication des maximes des saints ' (1697), etc. Ses ouvrages rassemblés ont été édités par Leclère (38 vol., 1827-1830). 50

42. « Nieuwentyt (Bernard), mathématicien hollandais, né à West- Graftdijk le 10 août 1654, est mort à Purmerend le 30 mai 1718. Cartésien implacable, il combattit le calcul infinitésimal et écrivit une polémique contre Leibnitz, concernant ce sujet. Il rédige une thèse théologique traduite en français sous le titre « L'existence de Dieu démontrée par les merveilles de la nature » (Paris, 1725). 51

43. « Abadie, James (Jacques), né à Nay, Basse- Pyrénées , probablement en 1654 ; décédé à Londres, le 25 septembre 1725. Théologien protestant français réputé. Il se rendit à Berlin vers 1680 comme ministre de l'Église française, puis en Angleterre et en Irlande ; fut pendant un temps ministre de l'Église française en Savoie ; et s'installa en Irlande comme doyen de Killaloe en 1699. Son ouvrage principal est le « Traité de la vérité de la religion chrétienne » (1684), avec sa suite « Traité de la divinité de notre Seigneur Jésus-Christ » (1689). 52

44. « Derham (William), théologien et érudit anglais, né à Stoughton, près de Worcester, en 1657, mort à Upminster en 1735. Pasteur d' Upminster dans le comté d'Essex, il put se consacrer paisiblement à son goût pour la mécanique et les sciences naturelles. histoire. Outre ses études sur l'horlogerie et sur les poissons, les oiseaux et les insectes, publiées en partie dans les *Transactions of the Royal Society* , il écrivit plusieurs ouvrages sur la philosophie

religieuse. La plus importante, qui fut longtemps populaire et traduite en français (1726), a pour titre « Physico -théologie, ou la démonstration de l'existence et des attributs de Dieu, par les œuvres de sa création » (1713). . Il écrivit en complément, en 1714, son « Astro-théologie , ou la démonstration de l'existence et des attributs de Dieu par l'observation du ciel ». HYPERLINK "https://gutenberg.org/files/52090/52090-h/52090-h.htm" \l "xd21e3650"

<u>45.</u> Rais , ou cardinal de Retz (1614-1679), était un homme politique et auteur français. Dès son enfance, il était destiné à l'église. Il prit une part active au mouvement contre le cardinal Mazarin, puis devint cardinal, mais perdit sa popularité et fut emprisonné à Vincennes. Après s'en être échappé, il revient en France et s'installe en Lorraine, où il écrit ses « Mémoires », qui racontent la vie de cour de son temps. 54

<u>46.</u> Marcello Malpighi (1628-1694) était un anatomiste et physiologiste italien renommé. Il occupa le poste de maître de conférences en médecine à Bologne en 1656, devint quelques mois plus tard professeur à Pise, fut nommé professeur à Bologne en 1660, partit de là pour Messine, mais revint plus tard à Bologne. En 1691, il devient médecin du pape Innocent XII. Malpighi est souvent connu comme le fondateur de l'anatomie microscopique. Il fut le premier à voir le merveilleux spectacle de la circulation du sang à la surface d'un poumon de grenouille. Il découvrit la structure vésiculaire du poumon humain, la structure des glandes sécrétrices et le caractère muqueux de la couche inférieure de l'épiderme. Il fut le premier à entreprendre l'anatomie plus fine du cerveau et il décrivit avec précision la répartition de la matière grise et des faisceaux de fibres dans la moelle. Ses œuvres sont : « De pulmonibus » (Bologne, 1661), « Epistolae anatomicae narc. Malpighi et Car. Fracassati » (Amsterdam, 1662), « De Viscerum Structura » (Londres, 1669), « Anatome Plantarum » (Londres, 1672), « De Structura Glandularum conglobatarum » (Londres, 1689). 55

<u>47.</u> Le déisme est un système de pensée apparu à la fin du XVIIe siècle. Ses représentants les plus importants en Angleterre étaient Toland, Collins, Chubb, Shaftsbury et Tindal. Ils insistaient sur la liberté de pensée et d'expression et affirmaient que la raison était supérieure à toute autorité. Ils niaient la nécessité de toute révélation surnaturelle et furent par conséquent vigoureusement combattus par l'Église. En partie à cause de cette opposition de l'Église, beaucoup d'entre eux se sont opposés au christianisme et ont essayé de montrer que l'observance des lois morales est la seule religion nécessaire à l'homme. Ils enseignaient que le bonheur est la fin principale de l'homme et que, puisque l'homme est un être social, son bonheur peut être mieux obtenu par l'entraide. Bien qu'ils déclarèrent que la nature est l'œuvre d'un être parfait, ils avaient une conception mécanique de la relation de Dieu

avec le monde et ne trouvèrent pas, comme les théistes ultérieurs, de preuves de la présence de Dieu dans toutes les œuvres de la nature. 56

48. « Vanini , Lucilio , autoproclamé Jules César . Né à Taurisano , royaume de Naples, vers 1585 ; brûlé vif à Toulouse, France, le 19 février 1619. Libre penseur italien, condamné à mort comme athée et magicien. Il étudia à Rome et à Padoue, devint prêtre, voyagea en Allemagne et aux Pays-Bas et commença à enseigner à Lyon, mais fut obligé de fuir en Angleterre, où il fut arrêté. Après sa libération, il retourna à Lyon et vers 1617 s'installa à Toulouse. Ici, il fut arrêté pour ses opinions, condamné et exécuté le même jour. Ses œuvres principales sont : « Amphitheatrum aeternae Providentiae » (1615), « De admirandis naturae reginae deaeque mortalium arcanis » (1616). 57

49. Desbarreaux (Jacques Vallée). Écrivain français, né à Paris en 1602, mort à Chalon-sur- Saône le 9 mai 1673. Il écrivit un sonnet célèbre sur la pénitence, mais était plutôt incroyant et sceptique que pénitent. Guy Patin , apprenant sa mort, a déclaré : « Il a contaminé les jeunes pauvres par son permis . Sa conversation était très dangereuse et destructrice pour le public. 58

50. Boindin (Nicolas), érudit et auteur français, né le 29 mai 1676 à Paris, où il mourut le 30 novembre 1751. Il fut quelque temps dans l'armée, mais se retira pour cause de mauvaise santé. Il se consacre alors à la littérature et écrit plusieurs pièces de théâtre. En 1706, il fut élu censeur royal et associé de l'Académie des Inscriptions. Sa liberté, ou, comme on l'appelait alors, sa licence d'esprit, lui fermait les portes de l'Académie française, et eût causé son expulsion de l'Académie des inscriptions, s'il n'avait pas été si vieux. Il est mort sans revenir sur ses opinions. 59

51. Denis Diderot (1713-1784) fut l'un des dirigeants du mouvement intellectuel du XVIIIe siècle. Il fut d'abord influencé par Shaftsbury et se montra enthousiaste dans son soutien à la religion naturelle. Dans ses « Pensées philosophiques » (1746), il tente de montrer que les découvertes des sciences naturelles sont les preuves les plus solides de l'existence de Dieu. Les merveilles de la vie animale suffisent à détruire à jamais l'athéisme . Pourtant, tout en s'opposant à l'athéisme, il s'oppose également vigoureusement à l'intolérance et au sectarisme de l'Église. Il affirme que bon nombre des attributs attribués à Dieu sont contraires à l'idée même d'un Dieu juste et aimant.

Plus tard, Diderot fut influencé par La Mettrie et par Holbach, et devint un partisan du matérialisme qu'il exposa dans « Le rêve d'Alembert » et dans les passages contribués au « Système de la nature ». Diderot était le rédacteur de l' Encyclopédie . 60

52. Trembley. Voir note 27 .

53. « *Rien de ce qui arrive n'aurait pu manquer de se produire.* » Une énonciation de la doctrine sur laquelle Holbach a tant insisté. "L'univers entier... nous montre seulement une chaîne immense et ininterrompue de causes et d'effets." 61 ... « La nécessité qui règle tous les mouvements du monde physique, commande aussi ceux du monde moral. » 62

54. « *Toutes ces évidences d'un créateur, répétées des milliers de fois... ne sont évidentes que pour les anti-Pyrrhoniens.* « La Mettrie a une opinion contraire non seulement à celle de Descartes et de Locke, mais aussi à celle de Toland, Hobbes et Condillac . Descartes, par exemple, dit : « Ainsi je vois très bien que la certitude et la vérité de toute science dépendent de la seule connaissance du vrai Dieu. » 63 Hobbes affirme : « Car celui qui, à partir d'un effet qu'il voit arriver, devrait raisonner sur la cause suivante et immédiate de cet effet, et de là sur la cause de cette cause, ... en arrivera finalement à ceci, qu'il doit y avoir , comme même les philosophes païens l'ont confessé, un premier moteur, c'est-à-dire une cause première et éternelle de toutes choses, c'est-à-dire ce que les hommes entendent par le nom de Dieu. 64 Les mots de Toland sont : « Tout le mélange d'atomes, toutes les chances que vous pouvez en supposer, ne sauraient amener les parties de l'Univers dans leur ordre actuel, ni les maintenir dans le même, ni provoquer l'organisation d'une fleur ou d'un ordre. Volez... L'Infinité de la Matière... exclut... un Dieu corporel étendu, mais pas un Esprit pur ou un Être immatériel. 65 Condillac écrit : « Une cause première, indépendante, unique, infinie, éternelle, toute-puissante, immuable, intelligente, libre, et dont la providence s'étend sur toutes choses : telle est la notion de Dieu la plus parfaite que l'on puisse se former dans cette vie. » 66 Locke déclare : « D'après ce qui a été dit, il est clair pour moi que nous avons une connaissance plus certaine de l'existence d'un Dieu que de tout ce que nos sens ne nous ont pas immédiatement découvert. Je présume même pouvoir dire que nous savons plus certainement qu'il existe un Dieu que qu'il existe autre chose sans nous. 67

55. « Lucrèce (Titus Lucrèce Carus). Né à Rome, probablement vers 96 avant JC, décédé le 15 octobre 55 avant JC. Célèbre poète philosophique romain. Il est l'auteur de « De rerum natura », un poème didactique et philosophique en six livres, traitant de la physique, de la psychologie et (brièvement) de l'éthique du point de vue épicurien. Il s'est suicidé probablement dans un accès de folie. Selon une tradition populaire, mais sans doute erronée, sa folie serait due à un philtre d'amour que lui administrait sa femme. 68

56. « Lamy (Bernard) est né au Mans en l'an 1640. Il étudia d'abord au collège de cette ville. Il se rendit ensuite à Paris et étudia à Saumar la philosophie auprès de Charles de la Fontenelle et la théologie auprès d'André Martin et de Jean Leporc . Il fut enfin appelé à enseigner la philosophie dans la ville

d'Angers. Il a écrit de nombreux livres sur des sujets théologiques. Ses ouvrages philosophiques sont : ' L'art de parler ' (1675), ' Traité de mécanique , de l'équilibre, des solides et des liqueurs ' (1679), ' Traité de la grandeur en général ' (1680), ' Entretiens sur les sciences ' (1684), ' Éléments de géométrie ', (1685).» 69

57. « *L'œil ne voit que parce qu'il est formé et placé tel qu'il est.* » La Mettrie doute qu'il y ait un but au monde. Condillac , quant à lui, enseigne que le but et l'intelligence se manifestent dans l'univers. "Pouvons-nous voir l'ordre des parties de l'univers, la subordination entre elles, et remarquer combien de choses différentes composent un tout aussi permanent, et rester convaincus que la cause de l'univers est un principe sans aucune connaissance de ses effets, qui sans but, sans intelligence, rapporte chaque être à des fins particulières, subordonnées à une fin générale ? 70

58. « Non nostrum inter vos tantas componere lites ». Virgile, Élogue III, ligne 108.

59. « *L'univers ne sera jamais heureux s'il n'est pas athée.* » Bien que La Mettrie qualifie cela d'« opinion étrange », il est clair qu'il sympathise secrètement avec elle. Holbach affirme cette doctrine avec beaucoup d'insistance. « L'expérience nous enseigne que les opinions sacrées étaient la véritable source des maux des êtres humains. L'ignorance des causes naturelles leur a créé des dieux. L'imposture rendait ces dieux terribles. Cette idée a entravé le progrès de la raison. 71 « Un athée... est un homme qui détruit les chimères nuisibles au genre humain, afin de ramener les hommes à la nature, à l'expérience et à la raison, qui n'a pas besoin de recourir à des puissances idéales pour expliquer les opérations de nature." 72

60. « *L'âme n'est donc qu'un mot vide de sens.* » Comparez cela avec la déclaration de Descartes : « Et certainement l'idée que j'ai de l'esprit humain... est incomparablement plus distincte que l'idée de n'importe quel objet corporel. » 73 Comparez également cette doctrine avec l'affirmation de Holbach : « Ceux qui ont distingué l'âme du corps semblent n'avoir distingué que leur cerveau d'eux-mêmes. En vérité, le cerveau est le centre commun où tous les nerfs répartis dans toutes les parties du corps humain se terminent et se rejoignent. Plus nous avons d'expérience, plus nous sommes convaincus que le mot « esprit » n'a même aucun sens. à ceux qui l'ont inventé, et ne peut être d'aucune utilité ni dans le monde physique ni dans le monde moral. 74

61. William Cowper (1666-1709) était un anatomiste anglais. Il fut entraîné dans une controverse avec Bidloo , le médecin néerlandais, en publiant sous son propre nom les travaux de Bidloo sur l'anatomie du corps humain. Ses principaux ouvrages sont : « Myotamia reformata » (Londres, 1694) et « Glandularum descriptio » (1702). 75

62. William Harvey (1578-1657), médecin et physiologiste anglais, est réputé pour sa découverte de la circulation sanguine. Il a fait ses études à Cantorbéry et à Cambridge et a obtenu son doctorat à Cambridge en 1602. Au cours de sa vie, il a occupé le poste de conférencier Lumleian au Collège des médecins et de médecin extraordinaire de James I. Ses principaux ouvrages sont : « Exercitatio de motu cordis et sanguinis » (1628), et « Exercitationes de génération animale » (1651). 76

63. Francis Bacon (1551-1626) fut l'un des premiers à se révolter contre la scolastique et à introduire une nouvelle méthode dans la science et la philosophie. Il affirmait que pour connaître la réalité, et par conséquent acquérir un nouveau pouvoir sur la réalité, l'homme devait cesser d'étudier les conceptions et étudier la matière elle-même. Mais il ne savait pas lui-même comment acquérir une connaissance plus précise de la nature, de sorte qu'il ne pouvait pas mettre en pratique la méthode qu'il préconisait lui-même. Ses œuvres regorgent de conceptions scolastiques, même si bon nombre des implications de son système sont matérialistes. Lange prétend en effet 77 que si Bacon avait été plus conséquent et plus audacieux, il serait parvenu à des conclusions strictement matérialistes. Le récit du mouvement du cœur du condamné mort se trouve dans « Sylva Sylvarum ». 78 Ce livre, publié en 1627, un an après la mort de Bacon, contient le récit des expériences de Bacon et de ses théories en matière de physiologie, physique, chimie, médecine et psychologie.

64. Robert Boyle, l'un des plus grands philosophes naturels de son époque, étudia à Eton pendant trois ans, puis devint l'élève particulier du recteur de Stalbridge. Il voyage à travers la France, la Suisse et l'Italie et, à Florence, étudie l'œuvre de Galilée. Il décida de consacrer sa vie au travail scientifique et devint en 1645 membre d'une société d'hommes scientifiques, qui devint plus tard la Royal Society of London. Son œuvre principale fut le perfectionnement de la pompe à air, et par là la découverte des lois régissant la pression et le volume des gaz.

Boyle était également profondément intéressé par la théologie. Il donna généreusement pour l'œuvre de propagation du christianisme en Inde et en Amérique et, par son testament, créa les « Conférences Boyle » pour démontrer la religion chrétienne contre les athées, les théistes, les païens, les juifs et les mahométans. 79

65. Nicolas Sténon est né à Copenhague en 1631 et mort à Schwerin en 1687. Il étudia à Leyde et à Paris, puis s'établit à Florence, où il devint médecin du grand-duc. En 1672, il devint professeur d'anatomie à Florence, mais trois ans plus tard, il abandonna ce poste et entra dans l'Église. En 1677, il fut nommé évêque d'Héliopolis et se rendit à Hanovre, puis à Munster et enfin

à Schwerin. Son œuvre principale est le « Discours sur l'anatomie du cerveau » (Paris, 1669). 80

<u>66.</u> <u>Le récit de</u> La Mettrie sur les mouvements involontaires ressemble beaucoup à celui de Descartes. Descartes dit : « Si quelqu'un passe rapidement sa main devant nos yeux comme pour nous frapper, nous fermons les yeux, car la machinerie de notre corps est ainsi composée que le mouvement de cette main vers nos yeux excite un autre mouvement dans le cerveau. qui contrôle les esprits animaux dans les muscles qui ferment les paupières. 81

<u>67.</u> « *Le cerveau a ses muscles pour penser, tout comme les jambes ont des muscles pour marcher.* » Ni Condillac ni Helvétius ne vont aussi loin. Helvétius déclare explicitement que la question reste ouverte de savoir si la sensation est due à une substance matérielle ou spirituelle. 82

<u>68.</u> Giovanni Alfonso Borelli (1608-1670) était le chef de la secte dite iatro-mathématique. Il essaya d'appliquer les mathématiques à la médecine de la même manière qu'elles avaient été appliquées aux sciences physiques. Il fut assez sage pour limiter l'application de son système au mouvement des muscles, mais ses disciples essayèrent d'en étendre l'application et furent conduits à de nombreuses conjectures absurdes. Borelli fut d'abord professeur de mathématiques à Pise, puis professeur de médecine à Florence. Il fut lié à la révolte de Messine et fut obligé de quitter Florence. Il se retira à Rome, où il fut sous la protection de Christine, reine de Suède, et y resta jusqu'à sa mort en 1679.83

<u>69.</u> « *Pour un ordre que donne la volonté, elle s'incline cent fois sous le joug.* » Descartes, quant à lui, enseigne que l'âme a un contrôle direct sur ses actions et pensées volontaires, et un contrôle indirect sur ses passions. 84 La Mettrie va plus loin que limiter l'étendue de la volonté, et se demande si elle est jamais libre : « Les sensations qui nous affectent décident l'âme soit de vouloir ou de ne pas vouloir, d'aimer ou de haïr ces sensations selon le plaisir ». ou la douleur qu'ils nous causent. Cet état de l'âme ainsi déterminé par ses sensations s'appelle la volonté. » 85 Holbach insiste sur ce point et soutient que toute liberté est une illusion : « La naissance [de l'homme] dépend de causes entièrement indépendantes de sa puissance ; c'est sans sa permission qu'il entre dans ce système où il a une place ; et sans son consentement que, depuis sa naissance jusqu'au jour de sa mort, il est continuellement modifié par des causes qui influencent sa machine malgré sa volonté, modifient son être et altèrent sa conduite. La moindre réflexion ne suffit-elle pas pour prouver que les solides et les fluides dont le corps est composé, et que le mécanisme caché qu'il considère indépendant des causes extérieures, sont perpétuellement sous l'influence de ces causes, et ne pourraient agir sans elles ? Ne voit-il pas que son tempérament ne dépend pas de lui-même, que ses passions sont les conséquences nécessaires de son tempérament, que sa volonté et ses actions

sont déterminées par ces mêmes passions, et par des idées qu'il ne s'est pas données ? (...) En un mot, tout doit convaincre l'homme qu'à chaque instant de sa vie, il n'est qu'un instrument passif entre les mains de la nécessité.» 86

70. La théorie des esprits animaux, soutenue par Galien et élaborée par Descartes, est que les nerfs sont des tubes creux contenant un liquide volatil, les esprits animaux. Les esprits animaux étaient censés circuler de la périphérie vers le cerveau et inversement, et remplir par leur action toutes les fonctions des nerfs.

71. Berkeley utilise le fait que la couleur des objets varie comme argument pour étayer sa conclusion idéaliste. 87

72. Il est difficile de dire ce que Pythagore lui-même enseignait, mais il est certain qu'il enseignait la parenté entre les animaux et les hommes, et sur cette parenté était probablement basée sa règle d'abstinence de chair. Parmi les écrits des Pythagoriciens ultérieurs , nous trouvons d'étranges règles alimentaires qui sont manifestement de véritables tabous. Par exemple , il leur est ordonné « de s'abstenir de haricots, de ne pas rompre le pain, de ne pas manger d'un pain entier, de ne pas manger le cœur, etc. » 88

73. Platon a interdit l'usage du vin dans sa république idéale. 89

74. « *Le premier soin de la nature, lorsque le chyle entre dans le sang, est d'y exciter une sorte de fièvre.* » Ainsi, la chaleur est la première nécessité du corps. Comparez avec cela la déclaration de Descartes : « Il y a une chaleur continuelle dans notre cœur,... ce feu est le principe corporel de tous les mouvements de nos membres. » 90 C'est l'un des nombreux cas dans lesquels l'explication de La Mettrie sur le mécanisme du corps est similaire à celle de Descartes.

75. « Stahl (George Ernst), né à Ansbach, Bavière, le 21 octobre 1660 ; décédé à Berlin le 14 mai 1734. Chimiste allemand réputé, médecin du roi de Prusse à partir de 1716. Ses ouvrages comprennent : « Theoria medica vera » (1707), « Experimenta et observations chemicae » (1731), etc. 91

76. Philippe Hecquet (1661-1737) était un célèbre médecin français. Il étudie à Reims et devient en 1688 médecin des religieuses de Port-Royal des Champs. Il revient à Paris en 1693 et obtient son doctorat en 1697. Il fut deux fois doyen de la faculté de Paris. En 1727, il devint médecin des religieux carmes du faubourg Saint-Jacques et resta leur médecin pendant trente-deux ans. 92

77. La citation : « *Tous ne peuvent pas aller à Corinthe* » est traduite d'Horace, Ep. 1, 19, 36. « Non cuivis homini contigit adire Corinthum . »

78. Hermann Boerhaave est né à Voorhout près de Leyde, le 31 décembre 1668. Son père, qui appartenait au métier de clerc, destina son fils au même métier et lui donna ainsi une éducation libérale. À l'université de Leyde, il

étudie auprès de Gronovius , Ryckius et Frigland . À la mort de son père, Boerhaave se retrouve sans aucune ressource et subvient à ses besoins en enseignant les mathématiques. Vandenberg, le bourgmestre de Leyde, lui conseille d'étudier la médecine et il décide de se consacrer à cette profession. En 1693, il obtient son diplôme et commence à pratiquer la médecine. En 1701, il fut nommé « maître de conférences dans les instituts de médecine » à l'université de Leyde. Treize ans plus tard, il fut nommé recteur de l'université et, la même année, y devint professeur de médecine pratique. Il introduisit à l'université le système d'enseignement clinique. Le mérite de Boerhaave était largement reconnu et sa renommée attira de nombreux étudiants en médecine de toute l'Europe à l'Université de Leyde. Parmi eux se trouvait La Mettrie dont toute la philosophie était profondément influencée par l'enseignement de Boerhaave . En 1728, Boerhaave fut élu à l'Académie royale des sciences de Paris et, deux ans plus tard, il fut nommé membre de la Royal Society de Londres. En 1731, sa santé le contraint à démissionner du rectorat de Leyde. A cette époque , il prononça un discours intitulé « De Honore , Servitute Médicis ». Il mourut des suites d'une longue maladie le 23 avril 1738. La ville de Leyde lui érigea un monument dans l'église Saint-Pierre et y inscrivit : « Salutifero Boerhaavii genio Sacrum ».

Boerhaave était un étudiant attentif et brillant, un professeur inspirant et un praticien habile . Il existe des récits remarquables sur son habileté à découvrir les symptômes et à diagnostiquer les maladies. Ses principaux ouvrages sont : « Institutiones Medicae » (Leyde, 1708) ; « Aphorismi de cognoscendis et curandis Morbis » (Leyde, 1709), « Libellus de Materia Medica et Remediorum Formulis » (Leyde, 1719), « Institutiones et Experimentae Chemicae » (Paris, 1724). 93

79. Willis. (Voir la remarque 21.)

80. Claude Perrault (1613-1688) était un médecin et architecte français. Il a obtenu son diplôme de docteur en médecine à Paris et y a exercé la médecine. En 1673, il devient membre de l'Académie royale des sciences. Bien qu'il n'ait jamais abandonné ses travaux en mathématiques, en sciences naturelles et en médecine, il est plus connu comme architecte que comme médecin ou scientifique. Il fut l'architecte d'une des colonnades du Louvre et de l'Observatoire. 94

81. « *La matière se meut elle-même.* » Dans « L'histoire naturelle de l'âme », La Mettrie affirme que le mouvement est l'une des propriétés essentielles de la matière. Voir « L'histoire naturelle de l'âme », Chap. V.

82. « *La nature du mouvement nous est aussi inconnue que celle de la matière.* » Contrairement à La Mettrie , Toland soutient qu'il est possible de connaître la nature de la matière, et déclare que le mouvement et la matière ne peuvent être définis, car leur nature va de soi. Holbach , à l'instar de La Mettrie ,

enseigne qu'il est vain de chercher à connaître la nature ultime de la matière, ou la cause de son existence. « Ainsi , si l'on demande d'où vient la matière, nous dirons qu'elle a toujours existé. Si quelqu'un demandons d'où vient le mouvement dans la matière, nous répondrons que pour cette même raison la matière doit avoir bougé de toute éternité, puisque le mouvement est une conséquence nécessaire de son existence, de son essence et de ses propriétés primitives, telles que l'étendue, le poids, l'impénétrabilité, forme, etc... L'existence de la matière est un fait ; l'existence du mouvement est un autre fait. 96

83. Huyghens (Christian) est né à La Haye en 1629 et y est mort en 1695. C'était un physicien, mathématicien et astronome néerlandais. Il est célèbre pour l'invention de l'horloge à pendule capable de mesurer les mouvements des planètes, pour l'amélioration du télescope et pour le développement de la théorie ondulatoire de la lumière. Son œuvre principale est « Horologium Oscillatorium » (1673). 97

84. Julien Leroy (1686-1759) était un célèbre horloger français. Il excellait dans la construction de pendules et de grandes horloges. Certains lui ont attribué la construction de la première horloge horizontale, mais cela est douteux. Parmi de nombreuses autres inventions et améliorations des horloges, il a inventé le pendule compensateur qui porte son nom. 98

85. Jacques de Vaucanson (1709-1782) était un mécanicien français. Dès son enfance, il s'est toujours intéressé aux appareils mécaniques. En 1738, il présente à l'Académie française son remarquable flûtiste. Peu de temps après, il créa un canard capable de nager, de manger et de digérer, ainsi qu'un aspic capable de siffler et de s'élancer sur la poitrine de Cléopâtre. Il occupera plus tard le poste d'inspecteur de la fabrication de la soie. En 1748, il fut admis à l'Académie des Sciences. Ses machines furent laissées à la Reine, mais elle les donna à l'Académie, et dans les troubles qui suivirent les pièces furent dispersées et perdues. Vaucanson publie : « Mécanisme d'un flûteur automate » (Paris, 1738). 99

86. « [Descartes] *a compris la nature animale ; il fut le premier à prouver complètement que les animaux sont de pures machines.* » Comparez cela avec la référence précédente de La Mettrie dans « L'histoire naturelle de l'âme » à « ce système absurde « selon lequel les animaux sont de pures machines ». Une opinion aussi risible, ajoute-t-il, n'a jamais été admise parmi les philosophes... L'expérience ne prouve pas moins la faculté de sentir chez les animaux que chez les hommes. 100 Il est évident que l'opposition de La Mettrie à ce « système absurde » reposait sur son insistance sur la similitude des hommes et des animaux. Dans « L'homme machine », il argumente à partir du même principe , que les animaux sont des machines, que les hommes sont comme les animaux, et que donc les hommes sont aussi des machines.

NOTES SUR LES EXTRAITS DE « L'HISTOIRE NATURELLE DE L'AME ».

<u>87.</u> La matière, selon La Mettrie , est douée de l'étendue, de la puissance de mouvement et de la faculté de sensation. Comme le dit La Mettrie , cette conception n'était pas celle de Descartes, qui pensait que l'attribut essentiel de la matière est l'étendue . « La nature du corps ne consiste pas dans le poids, la dureté, la couleur, etc., mais dans la seule extension, c'est-à-dire dans le fait qu'il est une substance étendue en longueur, en largeur et en hauteur. » 101 La conception de la matière de Hobbes est très proche de celle de La Mettrie . Il attribue spécifiquement le mouvement à la matière : « Le mouvement et la grandeur sont les accidents les plus courants de tous les corps. » 102 Il ne nomme pas la sensation comme un attribut de la matière, mais il réduit la sensation au mouvement. "Le sens est un mouvement interne chez le sensible." 103 Puisque le mouvement est l'un des attributs de la matière, et puisque la matière est la seule réalité dans l'univers, la sensation doit être attribuée à la matière.

<u>88.</u> La Mettrie insiste toujours sur le fait que la matière a le pouvoir de se déplacer elle-même et s'oppose à toute tentative de montrer que le mouvement est dû à un agent extérieur. Dans cette opinion, il est d'accord avec Toland. Toland dit que ceux qui considéraient la matière comme inerte ont dû trouver une cause efficace de mouvement ; et pour ce faire, ils ont soutenu que toute la nature est animée. Mais cette prétendue animation est absolument inutile, puisque la matière est elle-même dotée de mouvement.

<u>89.</u> *« Ce système absurde... selon lequel les animaux sont de pures machines. »* (Voir <u>note 86.</u>)